STATISTIQUE DÉTAILLÉE

DES

SOURCES MINÉRALES EXPLOITÉES

OU AUTORISÉES

EN FRANCE ET EN ALGÉRIE,

AU 1er JUILLET 1882.

MINISTÈRE DES TRAVAUX PUBLICS.

DIRECTION DES ROUTES, DE LA NAVIGATION ET DES MINES.

SERVICE DE LA STATISTIQUE DE L'INDUSTRIE MINÉRALE.

STATISTIQUE DÉTAILLÉE

DES

SOURCES MINÉRALES EXPLOITÉES

OU AUTORISÉES

EN FRANCE ET EN ALGÉRIE,

AU 1ᵉʳ JUILLET 1882.

PARIS.

IMPRIMERIE NATIONALE.

1883.

NOTICE EXPLICATIVE.

Au point de vue de leurs propriétés curatives et de leur application aux malades, les eaux minérales font partie intégrante du domaine médical. Mais l'étude de leur origine souterraine, les travaux de captage souvent indispensables pour empêcher leur mélange avec les eaux superficielles, les mesures administratives destinées à leur protection, à laquelle s'attache un intérêt public, rentrent dans le cercle des connaissances spéciales et dans les attributions des ingénieurs des mines. Les médecins inspecteurs, d'une part, les ingénieurs, de l'autre, remplissent, au nom de l'État, une mission tutélaire: les premiers, à l'égard des malades, en contrôlant l'exploitation des eaux, préalablement assujetties à une autorisation rendue sur l'avis de l'Académie de médecine; les seconds, à l'égard des propriétaires des sources, en déterminant les conditions du sous-sol qui nécessitent une protection et en assurant, au besoin, cette protection dans un certain périmètre fixé par décret.

Le rôle des uns et des autres est nettement défini par la législation actuelle, qui tient tout entière dans l'ordonnance royale du 18 juin 1823, la loi du 14 juillet 1856, les deux décrets des 8 septembre 1856 et 28 janvier 1860 et la loi du 12 février 1883.

Bien que l'intervention des ingénieurs des mines n'ait pris un caractère légal qu'à dater de la loi de 1856, l'Administration des mines a compris les renseignements concernant les sources minérales dans le cadre de la statistique de l'industrie minérale, dès 1834, et a publié en 1842, dans le Compte rendu des travaux des ingénieurs des mines un *Tableau général des sources minérales connues en France en 1840*. Elle a fait paraître, trois ans après, dans le même recueil, un tableau analogue, beaucoup plus complet et plus détaillé, pour l'année 1844, sous le titre de *Description physique des sources minérales connues en France*.

Mais ce travail ne fut plus renouvelé.

Les publications officielles relatives au même sujet sont très peu nombreuses. On peut citer à ce titre, comme une des plus anciennes, le *Catalogue raisonné*, accompagné d'une *Notice de toutes les eaux minérales de ce royaume*, publié par Carrère en 1785, d'après le vœu de l'Académie de médecine; de même, l'*Annuaire des eaux de la France pour 1851-1854*, rédigé par une Commission spéciale, suivant l'ordre du Ministre de l'agriculture, du commerce et des travaux publics, annuaire dont le deuxième volume est consacré aux sources minérales, à leur description et à leurs analyses chimiques ; enfin les *Rapports généraux au Ministre de l'agriculture et du commerce sur le service médical des eaux minérales de la France* faits chaque année, au nom de la Commission permanente des eaux minérales de l'Académie de médecine, après réception des rapports des médecins-inspecteurs des établissements thermaux.

Il existe de nombreuses monographies, des guides, des dictionnaires et d'autres ouvrages se rapportant aux sources minérales.

L'application thérapeutique des eaux fait l'objet de toutes ces publications : aucune d'elles, à l'exception des tableaux dressés par les ingénieurs des mines pour 1844, ne constitue une *statistique* proprement dite et ne renferme, dans un cadre uniforme et pour une année déterminée, un ensemble de données numériques concernant l'exploitation des établissements thermaux.

Depuis cette époque, l'usage des eaux s'est singulièrement vulgarisé. Grâce aux facilités de locomotion dues à la construction des chemins de fer, les établissements ont reçu presque partout de plus nombreux baigneurs et se sont agrandis. Des sources autrefois ignorées ont été aménagées et livrées à l'usage public, tandis que les malades ont délaissé un certain nombre de thermes autrefois en faveur.

Les changements survenus dans cet intervalle de trente-huit années ont paru motiver amplement un nouveau recensement de nos sources minérales. M. le Ministre des travaux publics a chargé de cette tâche les ingénieurs des mines, en confiant au service de la statistique de l'industrie minérale le soin de préparer le cadre du travail, de coordonner les renseignements recueillis et de les publier sous la forme la plus convenable.

Les noms des sources, ceux des départements et des communes où elles sont situées, la situation géologique des orifices qui leur livrent passage, leur nature au point de vue chimique, leur température, leur débit, leur mode d'administration, les noms des établissements thermaux, le nombre de baignoires et de piscines que chacun d'eux renferme, leur fréquentation par les malades, les localités auxquelles sont attachés des médecins-inspecteurs, telles sont les principales indications de cette statistique. Des recherches exécutées dans les archives du ministère des travaux publics, de celui du commerce, dans les préfectures, sans parler du *Bulletin des lois*, ont permis d'y faire figurer accessoirement les dates des actes administratifs concernant chaque source, tels que l'autorisation ministérielle, le décret de déclaration d'intérêt public, la fixation d'un périmètre de protection.

Toutes les sources autorisées (sauf omission) y trouvent place. Dans ce nombre celles qui ont cessé d'être exploitées, et qui ne montent d'ailleurs pas à plus de 69, se distinguent des autres en ce que leur nom est en italiques ; elles ne sont pas comprises dans les totaux et ne figurent pas dans le tableau final qui résume, par département, la statistique des sources minérales exploitées au 1er juillet 1882.

Parmi les sources dépourvues d'autorisation, dont un certain nombre sont exploitées sans que toutes les formalités administratives aient encore été remplies, celles qui n'ont acquis aucune importance jusqu'à ce jour n'ont pas été comprises dans ce recensement, à la différence des deux précédents. Malgré cette réduction voulue, la statistique de 1882 compte 1,102 sources, dont 1,027 exploitées, chiffre supérieur à celui de 1844, qui indiquait 864 sources connues, et qui se réduit à 750 environ, si on défalque du total les sources désignées comme n'étant d'aucun usage thérapeutique ou d'un emploi insignifiant.

En élaguant ainsi quelques renseignements difficiles à recueillir avec précision et superflus aujourd'hui, l'Administration a pu demander aux ingénieurs de se livrer à des investigations plus détaillées sur chaque source en particulier, notamment au sujet de leur température, de leur débit et de la nature des eaux, données qui figurent seulement *in globo*, par établissement, dans la *Description physique des sources connues en France en 1844*.

— Il nous a semblé très utile de faire suivre cette statistique d'un tableau synoptique donnant, par département, la récapitulation des sources minérales et des établissements thermaux, avec les données numériques qui s'y rapportent ; et pour rendre plus intéressant ce résumé, nous avons cru devoir y introduire un classement des sources d'après leur composition et un autre d'après leur température.

Les eaux contiennent en dissolution des substances très nombreuses, puisqu'elles renferment nécessairement, en proportion plus ou moins grande, tous les éléments solubles des terrains dans lesquels elles circulent ou qu'elles traversent avant de jaillir à la surface du sol. La multiplicité de ces éléments, dont l'analyse chimique ne révèle pas toujours le mode de combinaison d'une manière certaine, rend très difficile et très compliquée la classification rationnelle des eaux minérales ; et la nécessité de tenir compte de leur action sur l'économie animale, de leur rôle médical, qui paraît souvent dû à la présence de certaines substances qui s'y trouvent en quantités minimes, vient encore augmenter la difficulté. Aussi n'y a-t-il pas lieu de s'étonner que les hydrologues ne soient pas encore parvenus à se mettre d'accord pour l'adoption d'une classification. L'Annuaire des eaux de la France range les sources dans onze divisions ou subdivisions, d'après leur composition chimique. Mais on suit généralement un ordre plus simple et qui paraît mieux convenir à une récapitulation statistique, en se bornant à diviser les eaux minérales en quatre groupes d'après leur caractère médico-chimique prédominant, savoir :

1° Eaux sulfureuses ; 2° eaux alcalines ; 3° eaux ferrugineuses ; 4° eaux salines.

Ce classement a été adopté comme étant le plus simple et le plus répandu. On peut s'en contenter dans un travail où les analyses chimiques des eaux ne trouvent pas de place. D'ailleurs l'un des avantages de cette statistique détaillée est de désigner chaque source individuellement ; il en résulte pour les médecins, les chimistes et les géologues la faculté de se livrer à telles autres divisions qui leur paraîtraient mieux répondre à l'objet particulier de leurs propres études.

I. *Eaux sulfureuses.* — L'hydrogène sulfuré soit à l'état libre, soit à l'état de sulfure alcalin, caractérise ces eaux. Toutes celles qui ont été désignées comme dégageant ce gaz ont été rangées dans cette première classe : telles sont les eaux d'Amélie-les-Bains, de Bagnères-de-Luchon, de Saint-Sauveur, de Cauterets, les Eaux-Bonnes, celles d'Allevard, d'Aix-les-Bains, d'Enghien.

II. *Eaux alcalines.* — La seconde classe comprend les sources non sulfureuses où prédo·mine la soude à l'état de carbonate ou de bicarbonate, avec ou sans dégagement d'acide carbonique. Vichy et Vals sont des types de ce genre d'eaux minérales. Les carbonates alcalins sont fréquemment accompagnés d'autres substances, comme le carbonate de chaux, le chlorure de sodium et quelquefois la silice, en quantités assez notables pour qu'on hésite à ranger certaines sources parmi les eaux alcalines plutôt que parmi les eaux salines. De ce nombre sont celles de Plombières (bicarbonatées silicatées sodiques), du Puy-de-Dôme (chloro-bicarbonatées), de Saint-Galmier (acidules sodiques et calciques), etc., qui sont comptées avec les alcalines.

III. *Eaux ferrugineuses.* — Ces eaux renferment des sels alcalins ou calcaires accompagnés de carbonate de fer tenu en dissolution grâce à un excès d'acide carbonique. Toutes sortes d'eaux peuvent être ferrugineuses. On n'a rangé dans la troisième classe que les eaux, non sulfureuses, dont le fer forme le caractère principal, comme sont celles d'Orezza et de Sylvanès.

IV. *Eaux salines.* — Cette classe comprend des eaux généralement complexes; les unes sont caractérisées par le chlorure de sodium, comme Bourbonne, Luxeuil, Bourbon-l'Archambault, Balaruc, ou par le sulfate de soude, comme Évaux, Bains; et les autres par le carbonate ou par le sulfate de chaux, comme Pougues, Cransac, Contrexéville, Aulus.

D'après cette classification sommaire, les 1,027 sources minérales qui ont été exploitées en France en 1882 se divisent ainsi :

I. Sources sulfureuses	319
II. ———— alcalines	354
III. ———— ferrugineuses	135
IV. ———— salines	219
Total	1,027

Les quatre espèces d'eaux minérales sont donc abondamment représentées dans notre pays.

— La seconde classification des sources a trait à leur température. Elle comprend deux divisions : 1° les eaux froides ou tempérées qui n'accusent pas plus de 15 degrés, au thermomètre centigrade; 2° les eaux thermales proprement dites, dont la température excède 15 degrés. La limite de ces deux catégories est nécessairement arbitraire; il était indispensable de la fixer pour les besoins du calcul.

La température d'une source est l'indice de la profondeur à laquelle pénètrent, au sein de la terre, les eaux qui lui donnent naissance; c'est une donnée d'un haut intérêt. Sa signification n'est toutefois plus la même, chaque fois qu'il y a un mélange de l'eau thermale avec des infiltrations superficielles; dans ce cas la température de l'eau minérale s'abaisse. En conséquence, un semblable abaissement, lorsqu'il est possible de le constater, indique généralement le défaut d'isolement et l'insuffisance du captage d'une source. C'est un cas fréquent. Il en résulte que la comparaison de l'ensemble des sources de la France, au double point de vue de leur température et de leur composition, ne peut fournir des conclusions théoriques rigoureuses.

Cette comparaison conduit cependant à des notions instructives. On a reconnu depuis long-temps que les eaux sulfureuses sont généralement douées d'une température élevée, tandis que les sources ferrugineuses sont habituellement froides ; on a constaté aussi que de semblables règles comportent de nombreuses exceptions.

Pour aborder un examen de ce genre, il est indispensable de distinguer les eaux sulfureuses suivant qu'elles ont pour élément principal des carbonates alcalins ou du sulfate de chaux : les premières viennent généralement d'une assez grande profondeur, tandis que les secondes sont souvent superficielles, et les réactions chimiques qui ont donné naissance à l'hydrogène sulfuré paraissent avoir été bien différentes dans les deux cas. D'autre part, il est bon de diviser les sources salines en deux catégories : celles où le chlorure de sodium ou bien le sulfate de soude dominent, et celles où l'on constate surtout la présence du carbonate et du sulfate de chaux.

Si on dénombre les sources exploitées qui appartiennent à ces différents genres, en ayant égard à leur température, on arrive aux chiffres ci-dessous :

NATURE DES EAUX.	NOMBRE DES SOURCES		TEMPÉRATURE MAXIMA.
	FROIDES.	THERMALES.	
I. Sulfureuses. { Alcalines.....................	29	218	78° (Olette : *source de la Cascade.*)
I. Sulfureuses. { Calciques...................	54	18	47° (Aix-les-Bains : *source d'Alun.*) — 23° (Castéra-Verduzan, Fonsanges.)
II. Alcalines.......................	132	222	81° (Chaudesaigues : *source du Parc.*)
III. Ferrugineuses...................	106	29	36° (Sylvanès : *source des Moines.*)
IV. Salines.... { Chlorurées et sulfatées sodiques..	22	100	69° (Luxeuil : *source du Grand-Bassin.*)
IV. Salines.... { Carbonatées et sulfatées calciques.	43	54	50°8 (Bagnères-de-Bigorre : *source Théas.*)
TOTAUX.................	386	641	
	1,027		

Ce tableau montre que plus du tiers des eaux minérales sont froides, ou bien ont une température inférieure à 15 degrés centigrades ; que dans cette catégorie entrent la plupart des eaux sulfureuses à base calcaire et des eaux ferrugineuses ; que les eaux thermales par excellence sont les eaux sulfureuses alcalines ; enfin que les eaux chlorurées ou sulfatées sodiques et ensuite les eaux alcalines simples sont chaudes, pour le plus grand nombre.

On peut dire que la présence de la soude, combinée avec un acide quelconque, caractérise les eaux thermales et que les eaux chargées de sels calcaires (et qui doivent probablement, dans bien des cas, leurs propriétés thérapeutiques à des réductions opérées sous l'influence de matières végétales, non loin de la surface du sol) ne jouissent d'ordinaire que d'une très faible thermalité ou bien sont froides. Car leur température ne dépasse pas 23 degrés, si on laisse de côté Aix-les-Bains, qui constitue un cas exceptionnel.

Si on groupe les sources sulfureuses calciques et salines calciques, en leur adjoignant les sources ferrugineuses (dont quelques-unes cependant contiennent autant et même plus de soude que de chaux), on trouve 201 sources froides contre 100 thermales; tandis que les sources alcalines, simples ou sulfureuses, et les sources salines sodiques se décomposent en 541 sources chaudes (dont la température va jusqu'à 81°) et en 185 sources froides seulement. Pour les premières, la proportion numérique des sources thermales proprement dites ne dépasse pas de 33 p. 100, tandis qu'elle s'élève à 75 p. 100 pour les secondes, dont le degré de thermalité est, en outre, généralement beaucoup plus élevé.

— Les ingénieurs des mines ont fourni pour chaque source l'indication géologique du terrain d'où l'eau vient émerger. Ces renseignements, reproduits dans la *Statistique détaillée*, mais qui n'ont pu trouver place dans le *Résumé général*, se prêtent à un examen analogue au précédent. On comprend d'ailleurs qu'ils ne peuvent conduire à des conclusions bien nettes, à cause de la difficulté précédemment signalée de bien classer les sources, de l'impossibilité de porter les investigations jusqu'à leur lieu d'origine, et surtout à cause de la complexité des phénomènes géologiques. Considérant que la composition des eaux dépend de la nature des terrains qu'elles parcourent, le savant Brongniart a cherché à diviser les eaux minérales en cinq groupes en rapport: 1° avec les terrains primitifs; 2° les terrains trachytiques ou volcaniques; 3° les terrains de transition; 4° les terrains de sédiment inférieurs; et 5° les terrains de sédiment supérieurs. Ses recherches n'ont abouti à rien de bien concluant, comme on pouvait le présumer d'avance. C'est donc seulement pour remplir un devoir que nous condensons ici les intéressantes données des ingénieurs sur le *gisement* des eaux minérales, de ces *filons aquifères*, comme on les a parfois nommées, et que nous en présentons le résumé *au point de vue statistique*. A cet effet, réduisant la classification géologique à la plus grande simplicité, nous adopterons les trois divisions suivantes : 1° *terrains sédimentaires*, c'est-à-dire toute la série de terrains stratifiés déposés par les eaux, y compris le terrain de transition; 2° *terrains cristallins*, en désignant sous ce nom le terrain primitif et en y englobant les roches éruptives de tout âge et les filons; 3° terrains sédimentaires au *contact* ou au voisinage des terrains cristallins.

Les sources de diverses natures qui ont été exploitées en 1882 se répartissent de la façon suivante dans ces trois divisions géologiques :

NATURE DES SOURCES.	1ᵉ TERRAINS SÉDIMENTAIRES.	2ᵉ TERRAINS CRISTALLINS.	3ᵉ CONTACT.	TOTAUX.
I. Sulfureuses... { Alcalines.....................	98	94	55	247
I. Sulfureuses... { Calciques.....................	68	"	4	72
II. Alcalines.....................	65	244	45	354
III. Ferrugineuses.....................	95	32	8	135
IV. Salines...... { Chlorurées et sulfatées sodiques......	76	21	25	122
IV. Salines...... { Carbonatées et sulfatées calciques. ...	60	15	22	97
Totaux.....................	402	406	159	1,027

On voit que les eaux minérales prédominent dans les terrains sédimentaires, si l'on fait abstraction de 159 sources de la troisième catégorie jaillissant soit dans le voisinage, soit au contact des terrains cristallins. Mais si l'on réunit ces dernières sources, qui forment 15 p. 100 du total général, à celles qui émergent du terrain primitif ou des roches éruptives, comme participant à la même origine, on obtient un total de 565 sources à placer en regard des 462 de provenance sédimentaire, c'est-à-dire un notable excédent en faveur des roches cristallines. Les terrains stratifiés contiennent, pour ainsi dire, toutes les sources sulfureuses calcaires, environ 70 p. 100 des sources ferrugineuses, près des deux tiers des sources salines (qu'elles soient sodiques ou calciques), 40 p. 100 des sources alcalines sulfureuses et seulement le cinquième ou le sixième des autres sources alcalines. La plupart des sources alcalines simples paraissent tirer leur origine des terrains cristallins, qui donnent aussi naissance à une bonne partie des sources alcalines sulfureuses et à un nombre relativement moindre de sources salines. Ces dernières ont été rencontrées plus particulièrement au contact des terrains précédents avec les terrains stratifiés, lorsqu'elles ne sourdaient pas simplement de ces derniers.

Les terrains sédimentaires proviennent des érosions de l'écorce du globe, sous l'action des eaux; on y rencontre donc tous les éléments constitutifs de cette écorce. Les principes chimiques des eaux minérales se trouvent par conséquent aussi bien dans les sédiments que dans les roches primitives, mais dans des conditions et des proportions différentes. C'est ainsi que les eaux souterraines se chargeront plus communément et en plus grande quantité de sels de chaux en filtrant au travers des bancs calcaires, et de sels de soude en corrodant les granites et les roches ignées. Mais si elles circulent dans les arkoses ou dans des grès contenant des grains de feldspath, des galets granitiques ou porphyriques, etc., elles se chargeront également de carbonate sodique et pourront donner naissance à des eaux minérales alcalines. Sans qu'il soit besoin de multiplier les exemples, on s'explique donc aisément que des sources plus ou moins analogues se rencontrent dans des régions absolument différentes sous le rapport de leur classification géologique, et qu'il ne soit guère possible d'établir, à ce point de vue, entre les nombreuses variétés d'eaux minérales, des démarcations aussi tranchées et aussi simples qu'on pourrait être tenté de le supposer, avant de s'être livré à un examen approfondi de la question.

La prédominance des sources thermales, principalement des sources alcalines, dans le sein ou à proximité des terrains cristallins, qu'accusent les chiffres précédents, est confirmée par la répartition géographique des établissements thermaux les plus importants et peut servir à expliquer le grand nombre de sources minérales existant dans les régions montagneuses, dans les Pyrénées, les Alpes, les Vosges, dans le plateau central, et dans leurs environs immédiats, malgré la faible étendue des terrains de ce genre comparativement à celle qu'occupent les couches de sédiments à la surface de la France. Mais de ces dernières couches sortent également beaucoup de sources douées de propriétés thérapeutiques ; et c'est ainsi qu'on a compté des exploitations hydrominérales, en 1882, dans 63 départements.

Les eaux les plus chaudes, celles qui jaillissent d'une grande profondeur, n'arrivent généralement au jour que grâce à des fentes plus ou moins considérables, à des *failles* présentant des cavités et des issues. Il est naturel de les trouver en relation soit avec les roches éruptives, soit avec les chaines de montagnes dont les soulèvements ont été accompagnés de cassures de la croûte terrestre. Quant aux sources froides, qui ont pour siège principal les dépôts sédimentaires, on comprend que des accidents géologiques de moindre importance ont pu leur donner naissance, de façon qu'on les rencontre souvent dans des régions où le relief du sol n'offre que de faibles variations.

Nous ne donnons évidemment qu'à titre de simple indication, au point de vue des théories hydrominéralogiques, les rapports numériques qui précèdent. D'une part, les relevés statistiques ne comprennent pas les sources thermales, assez nombreuses, qui n'ont aucune notoriété ou qui sont abandonnées ; il est vrai qu'elles sont sans doute pour la plupart faiblement minéralisées et peuvent être négligées sans grand inconvénient. D'autre part, on conçoit bien que des travaux convenablement dirigés sur certains points amèneraient au jour des sources nouvelles ; par exemple, on pourrait multiplier beaucoup les sources salines chlorurées en exécutant des sondages au-dessus des dépôts souterrains de sel gemme et en y laissant pénétrer des nappes aquifères, dans l'hypothèse douteuse où de semblables opérations présenteraient quelque avantage sous le rapport médical. Sur la plupart des points où l'on a déjà créé des sources artificielles, comme à Vichy, rien n'empêcherait de procéder de la même façon. Enfin, il est indubitable qu'en bien des endroits les différentes sources d'un établissement thermal ou même d'une localité ont une origine commune et appartiennent, pour ainsi parler, au même gisement. Cette réflexion conduit à poser la question suivante : Ne serait-il pas préférable, pour l'application de la statistique à une étude géologique, de prendre pour unité, au lieu des sources considérées isolément, soit les établissements thermaux, soit même les groupes géographiques de sources minérales qui présenteraient une composition et des propriétés médicales analogues? Il est aisé de se rendre compte de la défectuosité que présenterait l'application d'une semblable méthode. Elle conduirait à mettre en parallèle, d'un côté, une source unique, d'une minéralisation et d'un débit parfois insignifiants ; de l'autre, un établissement de premier ordre, doté de sources nombreuses et abondantes. De ces deux unités, la seconde ne pèserait pas plus que la première dans la balance des nombres. Cette manière de procéder aurait donc le grave inconvénient de ne pas tenir compte de l'importance relative des phénomènes géologiques auxquels l'existence des sources est liée. Mieux vaut donc s'en tenir aux données statistiques précédemment énoncées. Elles expriment un état de choses bien défini ; et il suffit de ne pas perdre de vue leur signification et leur objet, pour les interpréter à leur juste valeur.

— La fréquentation annuelle des sources médicales par les malades constitue un renseignement des plus intéressants. On a malheureusement négligé, jusqu'à ces dernières années, d'en recueillir les éléments d'une façon précise ou complète.

Les chiffres qui figurent, à cet égard, dans la statistique de 1844, et qui portent le nombre annuel des baigneurs à 131,000, ne peuvent être acceptés sans de fortes réductions, parce qu'ils comprennent, dans bien des cas, non seulement les malades, mais encore les personnes qui les ont accompagnés et même celles qui ont visité les stations thermales pour leur simple agrément. Ils sont, en outre, donnés comme purement approximatifs.

Aussi l'Administration a-t-elle imposé, par l'article 20 du décret du 28 janvier 1860, aux propriétaires, régisseurs ou fermiers de chaque établissement d'eaux minérales, l'obligation de remettre au médecin-inspecteur et, à son défaut, au préfet, à l'issue de la saison des eaux, un état portant le nombre des personnes qui ont fréquenté l'établissement. Les *Rapports généraux sur le service médical des eaux minérales* témoignent des difficultés qu'on a pendant long-temps éprouvées pour se procurer ces états d'une façon régulière. Toutefois les médecins-inspecteurs ont fini récemment par obtenir les relevés du nombre des malades pour presque tous les établissements soumis à leur inspection ; et nous avons pu puiser au Ministère du commerce les nombres qui se rapportent à la saison de 1881. Ces nombres sont portés dans l'une des deux colonnes affectées à cette partie de la statistique sous la rubrique : « Nombre de malades déclaré. » L'autre colonne contient, sous la rubrique : « Nombre de malades évalué », les chiffres approximatifs que les ingénieurs des mines ont pu recueillir, au sujet de la fréquentation des établissements non inspectés.

De cette double source d'informations il résulte qu'en 1881 le nombre des malades a été officiellement de 164,002 auprès des établissements pour lesquels des déclarations ont été fournies, et approximativement de 56,915 près des autres stations thermales. Le total monte à 220,917, soit 221,000 personnes pour la France entière.

Il ne comprend pas les malades qui boivent des eaux minérales en bouteilles, sans se rendre sur place.

La colonne des observations renferme le nombre de bouteilles expédiées au dehors, pour un grand nombre sinon pour la totalité des établissements où fonctionne ce genre d'exploitation ; les renseignements partiels portent les expéditions à environ 21 millions de bouteilles par an.

— Il nous reste à appeler l'attention sur quelques autres chiffres pour terminer cette Notice.

Les 1,027 sources exploitées en France se répartissent entre 391 établissements, dont 226 comprennent des installations pour les bains, savoir : 5,346 baignoires et 328 piscines, sans parler des douches. Le nombre des établissements balnéaires était seulement de 130 en 1844 : les baignoires et les piscines qu'ils renfermaient n'ont pas été recensées à cette époque.

On consomme actuellement en boisson les eaux de 784 sources, parmi lesquelles 396 sont également utilisées pour les bains ; 243 sont exclusivement consacrées à ce dernier usage.

Les jaugeages effectués portent le débit de l'ensemble des sources exploitées en France à près de 47,000 litres par minute, au minimum, soit environ 68,000 mètres cubes par 24 heures.

Des médecins-inspecteurs résident, durant la saison des bains, dans 108 communes, c'est-à-dire dans toutes les stations thermales importantes.

—En Algérie, où jaillissent des sources assez nombreuses, les unes sulfureuses, les autres salines, remarquables par leur température élevée et l'abondance de leur débit, on compte

26 établissements thermaux, dans 23 desquels sont installées 55 piscines et 32 baignoires. Les eaux, étant chaudes, s'emploient à peu près exclusivement sous forme de bains. Leur débit total n'est pas de beaucoup inférieur à celui de toutes les sources de France réunies et atteint près de 38,000 litres par minute. Le nombre des personnes qui en font usage est évalué à 5,600.

L'Ingénieur en chef des Mines,

O. KELLER.

STATISTIQUE DÉTAILLÉE

DES

SOURCES MINÉRALES EXPLOITÉES

OU AUTORISÉES

EN FRANCE ET EN ALGÉRIE,

AU 1ᵉʳ JUILLET 1882.

Statistique détaillée des sources minérales exploitées ou autorisées en France et en Algérie, au 1er juillet 1882.

NOMS des départements et des communes (1)	NOMS des établissements ou des propriétaires (2)	Dénomination de propriété (3)	NOMS des sources (4)	NATURE DES EAUX — Classe (5)	NATURE DES EAUX — dénomination (6)	SITUATION GÉOLOGIQUE des orifices par lesquels les sources arrivent au jour (7)	TEMPÉRATURE en degrés centigrades (8)	DÉBIT noté par minute, litres (9)	USAGE DES EAUX — Interne (10)	USAGE — Externe (11)	NOMBRE des sources exploitées (12)	des baignoires (13)	des douches effectives (14)	NOMBRE DES MALADES (en 1881) — Déclaré (15)	Évalué (16)	DATES des actes administratifs (17)	ÉTENDUE du périmètre de protection (18)	OBSERVATIONS (19)
AIN. Beyrieux	Peret	P.	Beyrieux	III.	Ferrugineuses	Terrain tertiaire (molasse supérieure)	13	16	+	+	1	10	"	"	20	A. M. 10 février 1865	"	L'établissement n'a actuellement qu'une importance minime. Le propriétaire compte pouvoir lui donner de l'extension lorsque le chemin de fer de Trévoux à Saint-Lamp... sera exécuté.
AISNE. Saint-Quentin	Lamy	P.	Non dénommée	III.	Ferrugineuses	Terrain d'alluvion reposant sur la craie	19	......	+	"	"	"	"	"	"	A. M. 25 avril 1861	"	Depuis quatre ans environ l'exploitation de cette source peu productive a été abandonnée.
ALLIER. * Vichy	Compagnie fermière de Vichy	E.	Lucas	II.	Bicarbonatées sodiques	Formation lacustre de l'époque miocène superposée aux terrains de granite et de porphyre rouge quartzifère	30	13,1	+	+						D. U. 23 janvier 1861 ; D. P. 17 mai 1871	688 00 00	[1] Ces chiffres se rapportent non seulement à l'établissement thermal proprement dit, mais encore aux bains de l'hôpital et de l'hospice militaire, qui sont alimentés par les sources de l'État. L'établissement possède, en outre, plusieurs salles de douche et d'inhalation. La vente des eaux de Vichy s'élevait, en 1878, à 3,500,000 bouteilles, d'après le rapport du jury de l'Exposition universelle de Paris. [2] Ce nombre ne comprend que les malades ; celui des simples visiteurs a été d'environ 20,000.
			La Grande-Grille	II.	Idem	Idem	44	28,5	+	+						Idem		
			Le Puits Carré	II.	Idem	Idem	45	80,5	+	+						Idem		
			L'Hôpital	II.	Idem	Idem	34	34	+	+						Idem		
			Les Célestins — Anciens n° 1	II.	Idem	Idem	14	0,2	+	"						Idem		
			— n° 2	II.	Idem	Idem	15	10	+	"	12	(1) 324	(1) 2	(1) 9,092		D. U. ; D. P. 17 mai 1871 ; D. U. 23 janvier 1861 ; D. P. 17 mai 1871		
			Nouveaux n° 1	II.	Idem	Idem	14,4	0,3	+	"								
			— n° 2	II.	Idem	Idem	16	9,3	+	"						D. U. ; D. P. 17 mai 1871		
			Le Parc	II.	Idem	Source artificielle obtenue par un sondage dans le terrain lacustre	19	10	+	"						A. M. 4 juin 1871 ; D. U. 23 janvier 1861 ; D. P. 17 mai 1871		
* Hauterive	Idem	E.	Hauterive	II.	Idem	Idem	23,5	28	+	"						Idem	122 00 00	
Cusset	Idem	E.	Mesdames	II.	Idem	Idem	17	12	+	"						A. M. 11 août 1851 ; D. U. 23 janvier 1861 ; D. P. 17 mai 1871	110 00 00	
Vesse	Idem	E.	Les Chambons	II.	Idem	Source artificielle intermittente obtenue par un sondage dans le terrain lacustre	28	14	+	"						A. M. 15 avril 1876	"	
Vichy	Lardy	P.	Lardy	II.	Idem	Source artificielle obtenue par un sondage dans le terrain lacustre	14,5	5,5	+	+	1	32	"	"	1,000	A. M. 13 mai 1856	"	
Vichy	Larbaud et Cie	P.	Sainte-Yorre	II.	Idem	Terrain lacustre miocène	14,5	2	+	+	2	.....	"	"	.....	A. M. 9 juin 1855	"	
			Pernelle	II.	Idem	Idem	23,5	10	+	"						A. M. 11 décembre 1878	"	
* Néris	Néris	E.	Néris	IV.	Chlorurées sodiques	Granite à grains fins	52	700	"	+	1	78	8	1,055		D. U. 31 juillet 1878	"	La source alimente les six puits de la Croix, de César, Carré, Grandpuits, Dunoyer et un autre non dénommé.
* Cusset	Sainte-Marie	P.	Élisabeth	II.	Bicarbonatées sodiques	Source artificielle obtenue par un sondage dans le terrain lacustre	16,5	12	+	+						A. M. 14 juin 1856 ; D. U. ; D. P. 3 janvier 1879	76 00 00	
			Sainte-Marie	II.	Idem	Idem	13,8	7	+	+	4	40	1	"	1,500	A. M. 8 novembre 1850 ; D. U. ; D. P. 3 janvier 1879		
		C.	L'Abattoir	II.	Idem	Idem	15	.....	+	"						A. M. 15 juin 1850	"	Le débit des sources de l'abattoir et du cours de Tracy est presque nul.
			Le Cours de Tracy	II.	Idem	Idem	15	.....	+	"						Idem	"	
* Bourbon-l'Archambault	Bourbon-l'Archambault	E.	Bourbon-l'Archambault	IV.	Chlorurées sodiques	Granite à grains fins associé au gneiss	53	183	"	+	2	25	6	1,262		D. U. 31 juillet 1878	"	
		E.	Jonas	IV.	Bicarbonatées calciques	Idem	13	2	+	"						Idem	"	
Abrest	Larbaud, Cué	P.	Carbaud ou de Longues-Vignes	II.	Bicarbonatées sodiques	Source artificielle intermittente obtenue par un sondage dans le terrain lacustre	19	3,5	+	+	1	34	"	"	1,000	A. M. 20 janvier 1860	"	
Theneuille	Saint-Pardoux	E.	Saint-Pardoux	IV.	Bicarbonatées calciques	Marnes irisées	12	6,6	+	"	1	"	"	"		D. U. 31 juillet 1878	"	
	La Trollière	E.	La Trollière	IV.	Idem	Idem	12	9	+	"	1	"	"	"		Idem	"	
Vaux	De la Grange	P.	Le Petit-Gravau ou Fontaine-Raby	II.	Bicarbonatées sodiques	Dépôt pisolithique dans le terrain éocène	9,4	4,1	+	"	1	"	"	"		A. M. 10 mai 1879	"	
La Lizolle	Baron de Veauce	P.	Ozina	III.	Carbonatées calciques et ferrugineuses	Micaschistes	10	1	+	"	1	"	"	"		A. M. 10 janvier 1873	"	
						Totaux.		1,191,6	.....	.....	27	533	17	12,939	3,500		990 00 00	

(Colonne 1re : Commence au vis-à-vis des médecins inspecteurs. — Col. 3. Sources appartenant au domaine de l'État : E. ; aux départements : D. ; aux communes : C. ; aux particuliers : P. — Col. 17. A. M. : autorisation ministérielle ; D. U. : décret d'utilité publique ; D. P. : décret fixant le périmètre de protection. — Les sources non exploitées sont indiquées en italiques.)

Statistique détaillée des sources minérales exploitées ou autorisées en France et en Algérie, au 1er juillet 1882.

NOMS des départements ou des communes (1)	NOMS des établissements ou des propriétaires (2)	Dénom. du propriét. (3)	NOMS des sources (4)	CLASSE (5)	NATURE DES EAUX — Dénomination (6)	SITUATION GÉOLOGIQUE des orifices par lesquels les sources arrivent au jour (7)	TEMPÉRATURE en degrés centigrades (8)	DÉBIT total par minute, Litres (9)	USAGE — Interne (10)	USAGE — Externe (11)	NOMBRE des sources exploitées (12)	NOMBRE des baignoires (13)	NOMBRE des piscines (14)	MALADES en 1881 — Déclaré (15)	MALADES — Évalué (16)	DATES des votes administratifs (17)	ÉTENDUE du périmètre de protection (18)	OBSERVATIONS (Colonne 1re : Communes où réside à demeure un médecin inspecteur. — Col. 3. Source appartenant au domaine de l'État (É.); aux départements (D.); aux communes (C.); aux particuliers (P.). — Col. 17. A. M. : autorisation ministérielle; D. U. : décret d'utilité publique; D. P. : décret fixant le périmètre de protection. — Les sources non exploitées sont indiquées en italiques.) (19)
ALPES (BASSES-).																		
* Digne	Digne	P.	Les Vertus	I.	Sulfurées sodiques	Infra-lias	47	150	+	+	6	8	9	200			»	
			Saint-Étienne	I.	Idem	Idem	41		+	+							»	
			Saint-Gille	I.	Idem	Idem	34		+	+							»	
			Notre-Dame	I.	Idem	Idem	39		+	+							»	
			Non dénommée	I.	Idem	Idem	41		+	+							»	
			Non dénommée	L.	Idem	Idem	43		+	+							»	
* Gréoulx	Batholon	P.	Gravier	I.	Idem	Étage néocomien	35	1,200	+	+	1	18	3	334		A. M. Avril 1857	»	
			Guibert	I.	Idem	Idem			+	+	»	»	»	»	»	A. M. 10 mai 1838	»	inexploitée.
Saint-Martin	Saint-Martin	P.	Non dénommée	I.	Sulfatées sulfureuses	Terrain à lignite des Basses-Alpes	15		+	+	1		»	»	50		»	La plus grande consommation des eaux est faite par les habitants du pays.
								Totaux. 1,350			8	26	5	534	50		»	
ALPES (HAUTES-).																		
Risoul	Plan de Phazy	C.	La Rotonde	IV.	Salines, alcalines	Contact des calcaires du lias et du gneiss	29	170	+	+	2	»	4	»	470	A. M. 27 janvier 1880	»	L'établissement est fréquenté seulement par les habitants de la localité et des environs.
			Les Suisses	IV.	Idem	Idem	29		+	+						Idem	»	
Monestier-de-Briançon	Communal	C.	La Rotonde	IV.	Salines carbonatées et sulfatées calciques et sodiques	Tuf calcaire recouvrant des alluvions qui reposent sur les calcaires du lias	34	80	+	»	1	»	»	»		Arrêté préfectoral du 2 juin 1828	»	Eaux utilisées par les habitants comme boisson laxative (150 à 200 bouteilles par an).
	Brun et Arnaud	P.	Les Prés-Bagnols ou Fourhonde	IV.	Idem	Idem	38	70	+	+	1	1	6	»	100	Idem	»	L'établissement possède, en outre, une salle de douches. — Source exploitée depuis très longtemps. Importance toute locale.
Saint-Pierre-d'Argençon	Hyacinthe Ollivier	P.	La Fontaine-Vineuse	III.	Ferrugineuses gazeuses	Graviers recouvrant les calcaires oxfordiens inférieurs	13	1	+	»	1	»	»	»		A. M. 16 décembre 1859	»	On peut évaluer à 1,100 ou 1,200 bouteilles par an l'eau minérale de la Fontaine-Vineuse bue sur place ou emportée par les habitants des communes voisines, moyennant une légère rétribution.
								Totaux. 321			5	1	10	»	630		»	
ALPES-MARITIMES.																		
Roquebillière	Berthemont	P.	Saint-Michel	L.	Sulfureuses alcalines	Gneiss	14	0,5	+	+					400	A. M. 17 avril 1878	»	L'établissement actuel est provisoire; l'ancien a été détruit. Il n'existe aucune route carrossable conduisant à Roquebillière.
			Saint-Jean-Baptiste	L.	Idem	Idem	29,5	60	+	+	3	6	»	»	400	Idem	»	
			Saint-Julien	L.	Idem	Idem	28,5	28	+	+						Idem	»	
Saint-Martin-de-Lantosque		P.	Victorine	L.	Idem	Idem	34	80	+	+	1	»	»	»		A. M. 9 novembre 1864	»	Il n'y a pas d'établissement thermal.
								Totaux. 172,5			4	6	»	»	400		»	
ARDÈCHE.																		
* Vals	Société centrale de l'établissement thermal de Vals	P.	Pauline	II.	Alcalines gazeuses	Gneiss	14	2,4	+	+	11	70	»			A. M. 20 mars 1869	»	
			Saint-Vincent-de-Paul	II.	Idem	Idem	11,6		+	»						Idem	»	Débit presque nul.
			Les Convalescents	II.	Alcalines	Idem	12	1,2	+	»						Idem	»	
			Chloé-Dupasquier	II.	Idem	Idem	13,4	2,1	+	+						A. M. 13 mars 1869	»	La Société centrale a expédié en 1881 290,991 bouteilles, savoir : sources Pauline, 237,199; Souveraine, 18,328; Chloé, 9,080; Saint-Louis, 7,811; Marquise, 5,369; Constantine, 5,171; des Convalescents, 1,283; Saint-Vincent-de-Paul, 651.
			Souveraine	II.	Alcalines gazeuses	Grand filon quartzeux et pyriteux	14,6	1,6	+	+						A. M. 20 mars 1869	»	
			Constantine	II.	Idem	Gneiss	12,5	1	+	+						Idem	»	
			Marquise	II.	Alcalines	Grand filon quartzeux et pyriteux	15	0,5	+	»						A. M. 16 mars 1867	»	
			Saint-Louis	II.	Ferro-arsénicales	Idem	13,3	1,3	+	+						A. M. 10 juin 1869	»	
			Les Bains	II.	Alcalines non analysées	Idem	14,5	8,4	»	+						A. M. 15 mars 1867	»	
			Grande-Source-Alexandre	II.	Idem	Idem	16	14,1	»	+						A. M. 14 septembre 1873	»	
			Saint-Louis (du Bois)	II.	Ferro-arsénicales	Gneiss	16,6	0,5	+	»						A. M. 24 janvier 1881	»	

Statistique détaillée des sources minérales exploitées ou autorisées en France et en Algérie, au 1er juillet 1882.

NOMS des départements et des communes	NOMS des établissements ou des propriétaires		NOMS des sources	Classe	NATURE DES EAUX (désignation)	SITUATION GÉOLOGIQUE des couches par lesquels les sources arrivent au jour	TEMPÉRATURE (degrés)	DÉBIT moyen par minute (litres)	USAGE intérieur	USAGE extérieur	NOMBRE des sources usuelles	des non-usuelles	des réserves	NOMBRE DES MALADES en 1881 (déclaré)	(établ.)	DATES des actes administratifs	ÉTENDUE du périmètre de protection	OBSERVATIONS
* Vals (suite)	Société générale	P.	Camuse	II.	Alcalines	Gneiss	14,5	0,7	+							A. M. 14 mars 1849		[illegible]
			Dominique	II.	Ferro-arsenicales	Grand filon quartzeux et pyriteux	15	1	+							Idem		
			Saint-Jean	II.	Alcalines	Gneiss	13,5	1,5	+							A. M. 11 août 1860		
			Précieuse	II.	Alcalines gazeuses	Idem	15	1,1	+							A. M. 2 août 1861		
			Désirée	II.	Idem	Idem	15,5	1,1	+							Idem		
			Rigolette	II.	Idem	Idem	15,5	0,4	+							Idem		
			Marie	II.	Alcalines	Grand filon quartzeux et pyriteux	16	0,8	+							A. M. 12 mars 1867		
			Sophie	II.	Idem	Gneiss	14,7	1,3	+							A. M. 30 avril 1871		
			Françoise	II.	Idem	Idem	14,2	0,7	+		17	85				A. M. 1er août 1874		
			Augustine	II.	Idem	Idem	15	2	+							A. M. 16 novembre 1875		
			Marguerite	II.	Idem	Idem	15	0,8	+							Idem		
			Impératrice	II.	Idem	Idem	12,5	0,3	+							A. M. 30 décembre 1886		
			Juliette	II.	Alcalines gazeuses	Idem	11	1,5	+							A. M. 4 juin 1893		Le débit n'a jamais été mesuré.
			Victorine	II.	Alcalines	Idem	14	......		+						A. M. 26 mars 1856		
			Hortense	II.	Idem	Idem	14,5	......		+			3.525			A. M. 23 septembre 1891		
			Sainte-Marthe	II.	Idem	Idem	14,5	1,5		+						Idem		Source ferrugineuse.
			Madeleine	II.	Idem	Idem	15	1	+									
			Saint-Paul	II.	Alcalines gazeuses	Idem	......	......	+							A. M. 27 novembre 1862		
	Compagnie hydro-minérale	P.	Saint-Pierre	II.	Alcalines	Idem	12	0,8	+							A. M. 6 juin 1872		
			Les Viva-raises N° 1 (A)	II.	Idem	Idem	12,9	1,7	+							A. M. 30 septembre 1871		
			N° 3 (B)	II.	Idem	Idem	9	2,7	+							Idem		
			N° 5 (C)	II.	Idem	Idem	14	3	+		5					Idem		
			N° 7 (D)	II.	Idem	Idem	9,5	1,3	+							Idem		
			N° 9 (E)	II.	Idem	Idem	8	2,7	+							Idem		
	Société anonyme dite les Délicieuses	P.	Délicieuse ou n° 1	II.	Idem	Idem	8	0,7	+							A. M. 19 novembre 1876		
			Piquante ou n° 3	II.	Idem	Idem	9	1,7	+							Idem		
			Philippine ou n° 7	II.	Idem	Idem	6	1	+		4					Idem		
			Saint-Charles ou n° 9	II.	Idem	Idem	7	1,2	+							Idem		
	La Mas-de-Plane	P.	Amélie	II.	Idem	Idem	14	0,4	+							A. M. 29 septembre 1893		
			Victoire	II.	Idem	Idem	13	0,4	+		2					Idem		
	Auber	P.	La Favorite	II.	Idem	Idem	12	5	+		1					A. M. 26 novembre 1876		
	Docteur Chanloz	P.	Le Parc	II.	Idem	Idem	11	2,6	+		1					A. M. 21 septembre 1876		
	Champrier	P.	La Reine	II.	Idem	Idem	13	3	+		1					A. M. 1er septembre 1880		
	Joyeuse	P.	Les Frimées	II.	Idem	Idem	14	1,4	+		1					A. M. 10 novembre 1899		
	Pradelle	P.	Alexandrine	II.	Idem	Idem	12,4	1,5	+		1					A. M. 26 octobre 1880		
	Casse	P.	Mollandre	II.	Idem	Idem	17	......	+							A. M. 29 avril 1874		
	Blou	P.	Saint-Pierre-ou-Blanc	II.	Idem	Idem	17,5	0,8	+							A. M. 20 septembre 1872		
	Goudens	P.	Lamartin	II.	Idem	Idem	14,5	0,7	+							A. M. 02 mars 1875		
	Yves Mathon	P.	Tauvin	II.	Idem	Idem	14,5	1	+							A. M. 02 septembre 1871		
Meyras	Neyrac	P.	Marguerite		Bicarbonatées sodiques et calciques légèrement ferrugineuses	Granite	20	160		+						A. M. 23 mars 1875		
			Bienvenue		Idem	Idem	20	64		+						Idem		
			Bienfaisante		Alcalines très légèrement ferrugineuses	Idem	13	0,6	+							A. M. 23 septembre 1891		
			Les Léproso	IV.	Bicarbonatées sodiques	Granite porphyroïde rose	18	12	+		6	48			2.530	A. M. 10 juillet 1850		
			Jeanne	II.	Bicarbonatées sodiques et calciques sensiblement ferrugineuses	Idem	21	3,7		+						Idem		
			Les Bains	II.	Idem	Idem	26,5	41	+	+						Idem		

Statistique détaillée des sources minérales exploitées ou autorisées en France et en Algérie, au 1er juillet 1882.

Légende de la colonne OBSERVATIONS : (Colonne 1.ᵉ : Communes où résident des médecins inspecteurs. — Col. 3. Sources appartenant au domaine de l'État : N. ; aux départements : D. ; aux communes : C. ; aux particuliers : V. — Col. 17. A. M. : autorisation ministérielle ; D. U. : décret d'utilité publique ; D. P. : décret fixant le périmètre de protection. — Les sources non exploitées sont indiquées en italiques.)

NOMS des départements et des communes (1)	NOMS des établissements ou des propriétaires (2)	désignation du propriétaire (3)	NOMS des sources (4)	NATURE DES EAUX — classe (5)	NATURE DES EAUX — dénomination (6)	SITUATION GÉOLOGIQUE des orifices par lesquels les sources arrivent au jour (7)	TEMPÉRATURE en degrés centigrades (8)	DÉBIT noté par minute — litres (9)	USAGE DES EAUX — interne (10)	USAGE DES EAUX — externe (11)	NOMBRE des sources exploitées (12)	NOMBRE des concessionnaires (13)	NOMBRE des receveurs (14)	NOMBRE DES MALADES en 1881 — Déclaré (15)	NOMBRE DES MALADES en 1881 — Évalué (16)	DATES des actes administratifs (17)	ÉTENDUE du périmètre de protection (18)	OBSERVATIONS (19)
Meyras	Le Pradel	P.	Saint-Henri	III.	Acidules ferrugineuses	Granite dans le voisinage immédiat d'une coulée basaltique	12	0,7	+	»	2	»	»	»	......	A. M. 29 novembre 1876	»	Il a été expédié 8,105 bouteilles en 1880.
			Saint-Charles	III.	Idem	Idem	11	1	+	»						Idem	»	
Meyras (Suite)			La Vernadoure	IV.	Bicarbonatées calciques	Gneiss	10	11	+	»						A. M. 2 août 1868	»	Il a été expédié 4,000 bouteilles en 1880.
	Compagnie des eaux minérales du Pestrin	P.	Julie	IV.	Bicarbonatées calciques et gazeuses	Idem	7	1,2	+	»	3	»	»	»	......	Idem	»	Il a été expédié 3,000 bouteilles en 1880.
			Pauline	IV.	Bicarbonatées calciques	Idem	7,5	0,4	+	»						Idem	»	Il a été expédié 22,000 bouteilles en 1881.
			Fortifiante	IV.	Idem	Idem	10	0,5	+	»	»	»	»	»	......	Idem	»	*Source inexploitée.*
St-Marcel-de-Crussol	St-Georges-les-Bains	C.	Saint-Georges	IV.	Bicarbonatées calciques, légèrement ferrugineuses	Granite	19	94	»	+	1	10	9	»	150	A. M. 18 avril 1861	»	
Pompeu			Bonne-Fontaine	IV.	Bicarbonatées calciques	Contact des micaschistes et des terrains secondaires	15	......	+	»	»	»	»	»	»	A. M. 16 octobre 1835	»	L'établissement de Celles-les-Bains est, depuis plusieurs années, dans un état complet d'abandon. Les sources de ce nom ont appartenu, en 1656, au duc de Ventadour; en 1747, à Mollière de Vienne; en 1790, à Marquet de Lacal; et, en 1830, au docteur Barrier.
			Ventadour	IV.	Idem	Idem	13	......	+	»						Idem	»	
Pompeu	Celles-les-Bains	P.	Puits artésien	IV.	Idem	Idem	23	69,5	+	»	»	»	»	»	»	Idem	»	
			Fontaine Lévy	III.	Sulfatées ferrugineuses	Idem	...	......	+	»						Idem	»	
			Fontaine-des-Yeux	IV.	Sulfatées calciques	Idem	15	15	+	»						Idem	»	
Aspergne	Maria	P.	Suprême de Rigodel	II.	Alcalines	Granite	14	0,8	+	»	1	»	»	»	......	A. M. 10 septembre 1875	»	Il a été expédié 28,000 bouteilles en 1881.
	Conas	P.	Reine-du-Fer	II.	Bicarbonatées sodiques et calciques, très fortement ferrugineuses	Coule au-dessous d'une nappe basaltique	11	3	+	»	1	»	»	»	......	A. M. 21 septembre 1876	»	Affermée depuis le 2 octobre 1882 par la Société anonyme dite *Société française.* Exploitée depuis lors; 7,000 bouteilles ont été expédiées en 1882.
Prades	Brenas	P.	Le Vernet	II.	Alcalines gazeuses	Granite	15	5	+	»	1	»	»	»	......	A. M. 30 avril 1875	»	Il a été expédié 31,450 bouteilles en 1880.
			La Lyonnaise	II.	Alcalines	Idem	12	9	+	»	»	»	»	»	......	J. M. 2 juillet 1876	»	*Source inexploitée.*
*Saint-Laurent-les-Bains	St-Laurent-les-Bains	P.	Saint-Laurent	II.	Alcalines sulfureuses	Idem	53,5	105	+	+	2	13	8	950	......	Arrêt du 28 avril 1784	»	Cette source ne paraît être qu'une dérivation de la source Saint-Laurent.
			La Saigne	II.	Idem	Idem		50	+	+						Idem	»	
St-Sauveur Montagut	Fougeyrol	P.	Maléon	II.	Alcalines gazeuses	Idem	12	1,5	+	+	1	5	»	»	......	A. M. 14 septembre 1861	»	Les populations du voisinage viennent seules prendre quelques bains. On expédie annuellement 7,500 bouteilles environ.
Tournon	Lavandes et Bost	P.	Bartholay	IV.	Bicarbonatées calciques	Granite porphyroïde	11,3	0,8	+	»	1	»	»	»	......	A. M. 12 décembre 1878	»	Il a été expédié 28,000 bouteilles en 1880.
	Hochette	P.	Henriette	IV.	Bicarbonatées calciques, sensiblement ferrugineuses	Idem	12,2	0,6	+	»	1	»	»	»	......	A. M. 20 décembre 1878	»	Il a été expédié de 800 à 900 bouteilles en 1880.
Desaignes	Gaillard	P.	Moïse	II.	Alcalines	Granite pyriteux	12	0,5	+	»	1	»	»	»	......	A. M. 24 juin 1874	»	Il a été expédié 98,000 bouteilles en 1880.
	Salgnabes	P.	Cesar	II.	Alcalines gazeuses	Gneiss	12,2	2,9	+	»	1	»	»	»	......	A. M. 15 juin 1877	»	L'ancien établissement n'existe plus. On a expédié 208,000 bouteilles en 1880.
			Auguste	II.	Idem	Idem	12,2	2	+	»	»	»	»	»	......	A. M. 2 septembre 1856	»	Cette source est appelée aujourd'hui Fontaine; on n'expédie pas ses eaux.
Sanilhac	Nicolas	P.	Eugénie de Montbrison ou de la Boucharade	II.	Alcalines	Granite rose à gros grains	15	3,5	+	»	1	»	»	»	......	A. M. 26 décembre 1879	»	Il a été expédié 43,000 bouteilles en 1880.
Rocles	Idem	P.	Clovis	II.	Idem	Idem	13	0,5	+	»	»	»	»	»	......	Idem	»	*Source inexploitée.*
Beaumont	Idem	P.	Duc-de-Joyeuse	II.	Idem	Idem	22	7,5	+	»	»	»	»	»	......	Idem	»	*Idem.*
Jaujac	De Rochemure	P.	Le Pécher	II.	Idem	L'eau sourd au pied de l'ancien volcan de Jaujac, au milieu de roches laviques	15	3,7	+	»	1	»	»	»	......	A. M. 13 juillet 1862	»	On peut annuellement 12,800 bouteilles moyennant une légère redevance au fermier.
Saint-André-de-Bourlenc	Blaise et Perrier	P.	La Bertolle	II.	Idem	Granite	14	0,7	+	»	1	»	»	»	......	A. M. 6 novembre 1875	»	Il a été expédié 8,500 bouteilles en 1880. La source est aujourd'hui l'indispensable.
Aizac	Blachère	P.	Volcan-d'Aizac	II.	Bicarbonatées sodiques ferrugineuses	Idem	13	1,2	+	»	1	»	»	»	......	A. M. 12 mai 1862	»	Il a été expédié 8,750 bouteilles en 1880.
Montpezat	Marc	P.	La Samaritaine	IV.	Acidules légèrement ferrugineuses	Idem	11	2	+	»	1	»	»	»	......	A. M. 3 mars 1875	»	Il a été expédié 1,000 bouteilles environ en 1880.
Jaujac	Régis et consorts	P.	Sainte-Marguerite	II.	Alcalines	Idem	13,5	1	+	»	1	»	»	»	......	A. M. 30 novembre 1861	»	
Mareols	Laquat et Giraud	P.	Mareols	II.	Alcalines légèrement ferrugineuses	Filon de granulité dans un gneiss gris	6,5	......	+	»	1	»	»	»	......	......	»	La source autorisée sous le nom de Saint-Julien n'est pas exploitée. Il a été vendu, en 1880, 13,367 bouteilles de la source de Manois, très analogue, qui sourd du même filon, mais sur l'autre rive de la Glueyre.
			Saint-Julien	II.	Idem	Idem	6,5	1,1	+	»	»	»	»	»	......	A. M. 29 mars 1872	»	
Saint-Mélany	Jaujas et Mallève	P.	Barégine (Fontaine-de-l'Œuf)	II.	Alcalines sulfureuses	Micaschistes	10	4	+	»	2	»	»	»	......	A. M. 11 septembre 1876	»	Ces deux sources ont été autorisées sous le nom de Fontaine-de-l'Œuf. On expédiait en 1877 de 12,000 à 15,000 bouteilles. On n'exploite pour ainsi dire que aujourd'hui.
			Justice (Fontaine-de-l'Œuf)	II.	Idem	Idem	15	10	+	»						Idem	»	

Sources minérales.

Statistique détaillée des sources minérales exploitées ou autorisées en France et en Algérie, au 1er juillet 1882.

NOMS des départements et des communes	NOMS des établissements et des propriétaires	Désignation du propriétaire	NOMS des sources	Classe	NATURE DES EAUX — désignation	SITUATION GÉOLOGIQUE (terrains par lesquels les sources arrivent au jour)	Température (degrés centigr.)	Débit (litres par minute)	Usage interne	Usage externe	Nombre des sources exploitées	Nombre des baignoires	Nombre des douches	Malades en 1881 (déclaré)	(réel)	DATES des actes administratifs	Étendue du périmètre de protection	OBSERVATIONS
Consuelle	De l'Aline	P.	Château-de-Craux	II.	Alcalines	Granite altéré	9,8	3	+	»	1	»	»	»	»	A. M. 11 octobre 1881	»	Source isosphérite.
	Aval	P.	Le Béjal	II.	Idem	Granite	11,5	1,5	+	»	»	»	»	»	»	A. M. 5 mars 1875	»	Cette source a été autorisée le 21 novembre 1855. Le docteur Lebel possède, en outre, dans la même commune, cinq autres sources de même nature, mais non autorisées, dont le débit est de 22,000 litres en moyenne par 24 heures.
Saint-Fortunat	Duez et Lab.	P.	André	II.	Alcalines, ferrugineuses et lithinées	Filon quartzo-pyriteux dans le granite porphyroïde	14	0,6	+	»	1	»	»	»	»		»	Isosphérite en 1860 : fut acquise en 1861 par la Société française industrielle.
La Bégude	Société française industrielle	P.	Saint-Joseph	II.	Alcalines	Gneiss	14,5	14	+	»	»	»	»	»	»	A. M. 27 septembre 1876	»	
Mayres	Chabot et Cie	P.	La Vivaraise	II.	Idem	Idem	7	0,5	+	»	»	»	»	»	»	J. M. 5 août 1864	»	Source isosphérite.
TOTAUX								696,6	....	....	77	171	10	4,475	2,380		»	
ARIÈGE																		
	Le Teich	P.	Viguerie	L.	Sulfureuses alcalines	Jonction des granites et des schistes de transition recouverts par le diluvium	73,5	105	»	+						A. M. 7 mars 1878	»	
			La Grande-Pyramide	L.	Idem	Idem	65,8	48	»	+						Idem	»	
			Astrié (chaude)	L.	Idem	Idem	52	3,7	»	+						Idem	»	
			Astrié (froide)	L.	Idem	Idem	22	3,7	»	+						Idem	»	
			Quod	L.	Idem	Idem	64,2	15	»	+						Idem	»	
			La Grotte	L.	Idem	Idem	30	12	»	+						Idem	»	
			L'Eau-Bleue	L.	Sulfureuses dégénérées	Idem	48	3,1	»	+						Idem	»	
			N° 6	L.	Idem	Idem	43	3,7	»	+	16	30	»			Idem	»	L'établissement du Teich fonctionnant depuis un temps immémorial sans concession ; sa direction, de même que celle de l'établissement du Couloubret, appartient au même propriétaire, à lui rétrocédée en 1878.
			N° 4	L.	Idem	Idem	46	6,5	»	+						Idem	»	
			La Pompe	L.	Idem	Idem	19,7	2,9	»	+						Idem	»	
			Pâtissier	L.	Sulfureuses alcalines	Idem	36	0,3	+	»						Idem	»	
			Saint-Roch (à droite)	L.	Idem	Idem	42	0,7	+	»						Idem	»	
			Saint-Roch (à gauche)	L.	Idem	Idem	36	0,7	+	»						Idem	»	
			July	L.	Idem	Idem	73	3,7	»	+						Idem	»	
			Jeanne	L.	Idem	Idem	60	120	»	+						Idem	»	
			La Poix-Orlu	L.	Idem	Idem	49	120	»	+						Idem	»	
			Isabelle	L.	Idem	Idem	55	1,7	»	+	»	»	»			Idem	»	Source non utilisée.
* Ax	Modèle	P.	Grande sulfureuse	L.	Sulfurées sodiques	Jonction des granites et des schistes de transition	70	170,3	»	+	·					A. M. 11 avril 1868	»	
			Sulfureuse de l'Étuve	L.	Idem	Idem	68	26,6	»	+	4	49	1			Idem	»	Les eaux extraites se vont dudit établissement, pour la construction d'un quai, ont antérieurement réduit le débit de la source alcaline.
			Les Abeilles	L.	Idem	Idem	45	3,1	+	»						Idem	»	
			Alcaline	II.	Alcalines désulfurées	Idem	43	45,2	+	+						Idem	»	
			l'odeur ou sulfureuse	L.	Sulfurées sodiques	Idem	63	1,6	»	»	»	»	»			Idem	»	Source non utilisée.
			Breilh (buvette)	II.	Alcalines désulfurées	Idem	22	10	+	»						A. M. 5 mai 1881	»	
	Le Breilh	P.	Petite sulfureuse	L.	Sulfurées sodiques alcalines	Idem	45	0,9	+	»				3,700		Idem	»	
			N° 1	II.	Alcalines désulfurées	Idem	35	5,1	»	+						Idem	»	
			N° 7	II.	Idem	Idem	41	5	»	+						Idem	»	
			Anglada	II.	Idem	Idem	48	11,5	»	+						Idem	»	
			N° 9	II.	Idem	Idem	39,5	6,6	»	+	12	30	»			Idem	»	
			Longchamp	II.	Idem	Idem	47	7,5	+	+						Idem	»	
			Pyramide	II.	Idem	Idem	68	2,8	»	+						Idem	»	
			Fontan	L.	Sulfurées alcalines	Idem	55	6	»	+						Idem	»	
			Horly ou Filhol	L.	Sulfurées sodiques alcalines	Idem	63	36,6	»	+						Idem	»	
			Marie	L.	Idem	Idem	50	17	»	+						Idem	»	Ces deux sources fonctionnent l'une alimentée à l'Étuve en cabine.
			L'Étuve	L.	Idem	Idem	56		»	+						Idem	»	

Statistique détaillée des sources minérales exploitées ou autorisées en France et en Algérie, au 1er juillet 1882.

NOMS DES DÉPARTEMENTS et des communes	DES ÉTABLISSEMENTS ou des propriétaires	DÉSIGNATION du propriétaire	NOMS DES SOURCES	NATURE DES EAUX – CLASSE	NATURE DES EAUX – DÉSIGNATION	SITUATION GÉOLOGIQUE des roches par lesquels les sources sortent au jour	TEMPÉRATURE en degrés centigrades	DÉBIT noté par minute (litres)	USAGE – Internes	USAGE – Externes	NOMBRE des sources exploitées	NOMBRE des baignoires	NOMBRE des piscines	MALADES en 1881 – Isolés	MALADES en 1881 – Total	DATES DES ACTES ADMINISTRATIFS	ÉTENDUE du périmètre de protection	OBSERVATIONS
				1														
*Ax (bains)	Le Couloubret	P.	Bain Fort	I.	Sulfurées sodiques alcalines	Jonction des granites et des schistes de transition	42	21,3	+	+						A. M. 7 mars 1876	»	
			Majeure	I.	Idem	Idem	42	0,7	+	+						Idem	»	
			Jeanne d'Albret	I.	Idem	Idem	39	11,1	»	+						Idem	»	
			Le Mystère	I.	Idem	Idem	46	16,6	»	»						Idem	»	
			Pilhes	I.	Idem	Idem	42	17	+	+						Idem	»	
			Gourguette et Lafont-Jouzy	I.	Idem	Idem	30	19	»	+	11	34	»			Idem	»	Le Couloubret appartient au même propriétaire que le Teich.
			Roussignol supérieur	I.	Idem	Idem	77,5	40,6	»	+						Idem	»	
			L'Étuve de l'hôpital	I.	Idem	Idem	68	14,6	»	+						Idem	»	
			Canelette	II.	Alcalines dégénérées	Idem	23	13,6	+	»						Idem	»	
			Montmorency	II.	Alcalines ferrugineuses	Idem	30	2,4	»	+						Idem	»	
			Ferro-sulfureuse	I.	Sulfureuses et ferrugineuses	Idem	32	0,7	+	»						Idem	»	
			Doux	II.	Alcalines	Idem	18	68	—	»						Idem	»	Source inexploitée.
			Rougeau	II.	Idem	Idem	17,5	100	+	»						Idem	»	Idem.
*Ussat	Hospice de Pamiers	P.	Le Grand établissement	IV.	Bicarbonatées calciques et sulfatées magnésiennes	Jonction des calcaires du lias et des schistes supraliasiques	35		+	+				1,200		A. M. 15 juin 1877	»	Les eaux sont généralement employées pour l'usage externe. 30,000 bains.
			Saint-Vincent	IV.	Idem	Idem	29	670	»	+	2	56	1			Idem	»	
	Licusse	P.	Sainte-Germaine	IV.	Idem	Idem	29		»	+	1	18	1			A. M. 28 décembre 1868	»	
*Aulus	Compagnie des eaux minérales	P.	Darmagnac	IV.	Séléniteuses froides	Jonction du silurien supérieur et du lias supérieur	18	10	+	+						A. M. 2 juillet 1834	»	
			Les Trois-Césars (2 griffons)	IV.	Idem	Idem	18	5,5	+	+	3	32	»			Idem	»	
			Bosque (2 griffons)	IV.	Idem	Idem	15	1,2	+	+				1,500		A. M. 17 février 1851	»	Importantes expéditions d'eaux en bouteilles.
	Compagnie Laporte, Calvet et Cie	P.	Calvet	IV.	Séléniteuses	Idem	14	8	+	»						A. M. 12 mai 1838	»	
			Non dénommée	I.	Sulfureuses calciques	Idem	14	7,5	»	+	3	20	»			Idem	»	
			Non dénommée	I.	Idem	Idem	14	1,2	»	+						Idem	»	
*Mérens	Aulinac	P.	Les Bains	II.	Alcalines tièdes	Jonction du lias et de la craie blanche	22	196,7	+	+	2	20	»	650		A. M. 11 décembre 1838 — D. C. 18 juin 1829	»	
			Louise, ou source froide	II.	Idem	Idem	21	80	+	»						Idem	»	
Le Peyrat	Fontargue	P.	Les Bains	IV.	Acidules gazeuses	Terrain nummulitique	10	......	»	+	2	12	»			A. M. 1er septembre 1880	»	
			La Buvette	II.	Alcalines ferrugineuses	Idem	20	17	+	»						Idem	»	
Roux	Ussou	P.	La Buvette	II.	Alcalines arsenicales	Jonction du granite et du terrain silurien supérieur	27	9	+	»						A. M. 15 juin 1877	»	
			La Fontaine des plaies	II.	Idem	Idem	24	10	»	+	4	10	»		130	Idem	»	
			Non dénommées (2 s...)	II.	Idem	Idem	20	21	»	+						Idem	»	
*Carcanières	Raquelaure au Razquette	P.	Bouquette	I.	Sulfureuses sodiques	Terrain de granite	31	10	»	+						A. M. 11 décembre 1854	»	
			Campontay	I.	Idem	Idem	34		»	+						Idem	»	
			La Buvette (nord)	I.	Idem	Idem	25	......	+	»	1	17	»			Idem	»	
			La Buvette (midi)	I.	Idem	Idem	33	......	+	»						Idem	»	
			Marie	I.	Idem	Idem	36	10,4	»	+				589		Idem	»	
			Siméon	I.	Idem	Idem	39	10,4	»	+	3	12	»			Idem	»	
	Esparre-Azes	P.	Esparre	I.	Idem	Idem	31	......	+	+						Idem	»	
			Canalette	I.	Idem	Idem	41	......	»	+	»	»	»			Idem	»	Source sulphidée.
			Bain Fort	I.	Idem	Idem	49	......	»	+	»	»	»			Idem	»	Idem.
Sentein	Orus	P.	Jouvence	III.	Ferrugineuses	Silurien inférieur (schistes ardoisiers)	14	11	+	+	2	......	»	»	150	A. M. 17 février 1881	»	L'exploitation de ces sources remonte au XVIe siècle.
			Sentein	III.	Idem	Idem	12,5		+	+						A. M. 28 décembre 1881	»	
Foix	Rocher-de-Foix	C.	Rocher de Foix (3 sources)	I.	Sulfureuses, ferrugineuses ou arsenicales	Jonction du lias et du terrain crétacé inférieur	15	18	»	+	»	......	»	»	»	A. M. 2 octobre 1864	»	Inexploitée depuis l'inondation de 1875, qui y a causé de grands dommages.
TOTAUX								1,742,5	....	....	69	389	3	7,839	300	....	»	

(Colonne 1, * : Communes où réside à demeure un médecin inspecteur. — Col. 3, l'usage appartenant au domaine de l'État : N. ; aux départements : D. ; aux communes : C. ; aux particuliers : P. — Col. 17, A. M. : autorisation ministérielle ; R. U. : décret d'utilité publique ; D. P. : décret fixant le périmètre de protection. — Les sources non exploitées sont indiquées en italique.)

Statistique détaillée des sources minérales exploitées ou autorisées en France et en Algérie, au 1er juillet 1882.

NOMS des départements et des communes (1)	NOMS des établissements ou des propriétaires (2)	DÉSIGNATION du propriétaire (3)	NOMS des sources (4)	CLASSE (5)	NATURE DES EAUX — Désignation (6)	SITUATION GÉOLOGIQUE — des terrains par lesquels les sources arrivent au jour (7)	TEMPÉRATURE en degrés centigrades (8)	DÉBIT moyen par minute (litres) (9)	USAGE — interne (10)	USAGE — externe (11)	NOMBRE des sources exploitées (12)	NOMBRE des baigneurs (13)	NOMBRE des pensions (14)	MALADES en 1881 — Déclaré (15)	Évalué (16)	DATES des actes administratifs (17)	ÉTENDUE du périmètre de protection (18)	OBSERVATIONS
AUDE.																		
*Rennes-les-Bains	Rennes-les-Bains	P.	Bain doux	IV.	Chlorurées sodiques magnésiennes	Terrain crétacé moyen	40	400	+	+						A. M. 9 octobre 1860	»	
			Bain de la Reine	IV.	Idem	Idem	41	250	+	+	3	39	»	2,950	—	Idem	»	
			Bain fort	IV.	Idem	Idem	51	300	+	+						Idem	»	
			Le Cercle	III.	Ferrugineuses	Idem	12	......	+	+	»	»	»	»	»	Idem	»	Inexploitée.
			Le Pont	III.	Idem	Idem	12	......	+	+	»	»	»	»	»	Idem	»	Idem.
			Madeleine	III.	Idem	Idem	12	......	+	+	»	»	»	»	»	Idem	»	Idem.
Escouloubre	Escouloubre	P.	Bain Fort	I.	Sulfureuses	Granite	37,5	......	»	+						A. M. 1 décembre 1854	»	
			Source de la Douche	I.	Idem	Idem	50	......	»	+	3	32	»	»	450	Idem	»	L'établissement possède, en outre, une source dite Madone, non encore exploitée.
			Le Pont de la buvette	I.	Idem	Idem	20	......	»	»						Idem	»	
*Alet	Alet	P.	L'Eau mage	II.	Bicarbonatées sodiques et calciques, légèrement ferrugineuses	Contact des grès du terrain crétacé avec le terrain de transition	20		+	»						Idem	»	Les eaux d'Alet se débitent surtout en bouteilles.
			Sources chaudes	II.	Idem	Idem	20,5	400	+	+	4	30	»	2,000	—	Idem	»	
			L'Établissement	II.	Idem	Idem	11		+	+						Idem	»	
			Les Eaux chaudes	II.	Bicarbonatées calciques magnésiennes, légèrement ferrugineuses	Idem	24		+	+						Idem	»	
*Campagne	Campagne	P.	La Buvette ou Fontaine	IV.	Idem	Crétacé supérieur	24,6	83	±	»	2	30	»	508	—	A. M. 11 novembre 1860	»	
			Le Pont Thérbau	IV.	Idem	Idem	28,3	200	+	+						Idem	»	
Gindes	Lastour-Bistière	P.	Intérieure ou Sainte-Eulalie	II.	Bicarbonatées magnésiennes et sodiques	Contact des schistes du gault et des schistes de transition	32		»	+	2	»	»	»	150	A. M. 3 août 1876	»	
			Extérieure	II.	Idem	Idem	20		»	+						Idem	»	
			Totaux					1,833	....	....	14	134	»	3,548	600		»	
AVEYRON.																		
*Camarès	Amlahre	P.	Aulahre	II.	Alcalines ferrugineuses	Grès bigarrés	10	1	+	»	3	30	»	450	—	A. M. 14 juillet 1842	»	
			Les Bains	II.	Idem	Idem	12	1,5	+	»						Idem	»	
			Rose	II.	Idem	Idem	18	0,1	+	+						Idem	»	
	Le Cayla	P.	Madeleine	II.	Idem	Idem	12	1	+	»						A. M. 6 avril 1848	»	
			Rosa	II.	Idem	Idem	12	1	+	»	3	»	»	»	200	Idem	»	
			Les Princesses	II.	Idem	Idem	12	0,5	+	»						Idem	»	
	Preugnes	P.	Seher	II.	Idem	Idem	14	1	+	»	1	»	»	»	150	A. M. 4 août 1845	»	
*Sylvanès	Sylvanès	P.	Les Moines	III.	Ferrugineuses bicarbonatées	Terrains de transition regardés comme siluriens	36	22	+	+						A. M. 14 août 1843; D. U. 13 avril 1861	»	
			Les Petites eaux	III.	Idem	Idem	34	16	+	+	4	18	4	508	—	Idem	»	
			Les Petites piscines	III.	Idem	Idem	31	8	+	+						Idem	»	
			Les Bains nouveaux	III.	Idem	Idem	32	25	+	+						Idem	»	
Villefranche	Les Carrigues	P.	3 sources dites Carriotes	I.	Sulfureuses calciques	Marnes supraliasiques	12	......	+	+	3	12	»	»	2,000	A. M. 28 décembre 1855	»	Eaux minérales superficielles, devant probablement leur propriété sulphydrothérique à la décomposition du gypse par les matières organiques.
	Notre-Dame	P.	Notre-Dame-des-Treize-Pierres	I.	Idem	Idem	11	......	+	»	1	»	»	»	75	A. M. 23 septembre 1871	»	
Moutjaux	Le Cambon	P.	Le Cambon	III.	Ferrugineuses bicarbonatées	Grès bigarrés	11	12	+	+	1	6	»	»	300	A. M. 6 avril 1861	»	
Taussac	Pouchicous	P.	Pouchicous	III.	Idem	Terrains tertiaires et dépôts diluviens	12	20	+	+						A. M. 30 janvier 1865	»	
			Bertexine	III.	Idem	Idem	11	1,5	+	+	4	5	»	»	200	Idem	»	
			Les Balos	III.	Idem	Idem	12	45	+	+						Idem	»	
			Combelou	III.	Idem	Idem	12	1,3	+	+						Idem	»	Les eaux de Combelou n'ont pas encore été analysées.

(Colonne 1re : * Communes où résident des médecins inspecteurs. — Col. 3. Sources appartenant au domaine de l'État : E. ; aux départements : D. ; aux communes : C. ; aux particuliers : P. — Col. 17. A. M. : autorisation ministérielle ; D. U. : décret d'utilité publique ; D. C. : Décret fixant le périmètre de protection. — Les sources non exploitées sont indiquées en italiques.)

Statistique détaillée des sources minérales exploitées ou autorisées en France et en Algérie, au 1er juillet 1882.

NOMS des départements et des communes	NOMS des établissements ou des propriétaires	Dénomination du propriétaire	NOMS des sources	Classe	NATURE DES EAUX — Dénomination	SITUATION GÉOLOGIQUE des orifices	TEMPÉRATURE (degrés centigrades)	DÉBIT moyen par minute (litres)	USAGE — interne	USAGE — externe	NOMBRE des sources exploitées	NOMBRE des baignoires	des piscines	MALADES en 1881 — Défini	Évalué	DATES des actes administratifs	ÉTENDUE de réduction / périmètre de protection	OBSERVATIONS
* Cassac	Cransac	P.	Source basse Richard	IV.	Sulfatées magnésiennes	Terrain houiller	15	1,5	+	»	1	»	»	2.138	—	D. C. D. P. 5 mars 1860	9 00 00	[illegible]
	Mas-de-Mouly	P.	Galtier	IV.	Sulfatées calciques	Idem.	15	0,1	+	»	1	»	»	»	40	A. M. 14 octobre 1856	»	[illegible]
Cassuejouls	Cassuejouls	P.	Cassuéjouls	III.	Ferrugineuses bicarbonatées	Terrains tertiaires et dépôts diluviens	12	.....	+	»	1	»	»	»	......	A. M. 21 septembre 1847	»	[illegible]
Salles-la-Source	Le Pont	P.	Casals	I.	Sulfureuses calciques	Lias inférieur	14	7	»	+	1	10	»	»	150	....	»	[illegible]
	Le Pont	P.	Metge	I.	Idem.	Idem.	15	4	»	+	1	12	»	»	150	....	»	
	Le Pont	P.	Revel	I.	Idem.	Idem.	14	2	»	+	1	10	»	»	100	....	»	
Totaux.								171,6	.....	.....	20	93	4	3.088	3.365	....	9 00 00	[illegible]
BOUCHES-DU-RHÔNE.																		
* Aix	Aix	C.	Les Bains Sextius	IV.	Bicarbonatées calciques	Terrain tertiaire	35	261	+	+	1	26	1	790	—	D. C. 8 juillet 1859	»	[illegible]
Marseille	Les Camoins	P.	Les Camoins	I.	Sulfurées calciques	Idem.	16	50	+	+	1	22	»	»	600	A. M. 10 juillet 1839 ; D. C. 17 novembre 1864	»	[illegible]
	Le Roucas-Blanc	P.	Le Roucas-Blanc	IV.	Salées bromo-iodurées	Terrain crétacé	21	3.000	+	+	1	12	1	»	50	A. M. 11 septembre 1862	»	[illegible]
Totaux.								3.311	.....	.....	3	60	2	790	650	....	»	
CANTAL.																		
* Chaudesaigues	Clavières, Verdier et de la Grotte	C.	Le Parc (1er)	II.	Alcalines	Terrain primitif	81	260	+	+	2	23	»	»		A. M. 9 juin 1831	»	
			Idem (2e)	II.	Idem.	Idem.	81		+	+			»	»		A. M. 26 mars 1834	»	
	Sources Felgères		1re	II.	Idem.	Idem.	70		+	»	4	»	»	»		....	»	
			2e	II.	Idem.	Idem.	62	19	+	»		»	»	»		....	»	
			3e	II.	Idem.	Idem.	57		+	»		»	»	»		....	»	
			4e	II.	Idem.	Idem.	31		+	»		»	»	»		....	»	
			Laprade	II.	Idem.	Idem.	53		+	»		»	»	»		....	»	
			Poderigos	II.	Idem.	Idem.	60		+	»		»	»	»		....	»	
			Gautrot	II.	Idem.	Idem.	60		+	»		»	»	»		....	»	
			Tuisset	II.	Idem.	Idem.	59		+	»		»	»	»		....	»	
			Abrict	II.	Idem.	Idem.	57		+	»		»	»	»		....	»	
			Badonel	II.	Idem.	Idem.	69	30	+	»	13	»	»	»	800	....	»	Ces 13 sources sont amenées dans des maisons particulières.
		P.	Figet	II.	Idem.	Idem.	67		+	»		»	»	»		....	»	
			Chaurise	II.	Idem.	Idem.	59		+	»		»	»	»		....	»	
			Pasteanault	II.	Idem.	Idem.	79		+	»		»	»	»		....	»	
			Arlinc	II.	Idem.	Idem.	54		+	»		»	»	»		....	»	
			Rotier du Forget	II.	Idem.	Idem.	71		+	»		»	»	»		....	»	Les eaux de Chaudesaigues se prennent en boisson, bains, douches et divers.
			Benchot	II.	Idem.	Idem.	48	11	+	»		»	»	»		....	»	
			Verdier	II.	Idem.	Idem.	61		+	»		»	»	»		....	»	
			Le Moulin du Bain	II.	Idem.	Idem.	62	32	+	»		»	»	»		....	»	
			La Bonde	II.	Idem.	Idem.	73	15	+	»	3	»	»	»		....	»	
			L'Hospice	II.	Idem.	Idem.	70	18	+	»		»	»	»		....	»	

Statistique détaillée des sources minérales exploitées ou autorisées en France et en Algérie, au 1er juillet 1882.

(Colonne 1re : Communes où résident des médecins inspecteurs. — Col. 3. Sources appartenant au domaine de l'État : E.; aux départements : D.; aux communes : C.; aux particuliers : P. — Col. 17. A. M. : autorisation ministérielle; D. C. : décret d'utilité publique; D. P. : décret fixant le périmètre de protection. — Les sources non exploitées sont indiquées en italiques.)

NOMS des départements et des communes	NOMS des établissements ou des propriétaires	Désig. de la propriété	NOMS des sources	Classe	Désignation (nature des eaux)	SITUATION GÉOLOGIQUE des orifices par lesquels les sources arrivent au jour	Température	Débit noté par minute (litres)	Usage interne	Usage externe	Nbre des sources exploitées	Nbre des autorisées	Nbre des régimes	Malades déclaré	Malades évalué	DATES des actes administratifs	Étendue du périmètre de protection	OBSERVATIONS
* CHAUDESAIGUES (Suite.)		P.	Sources de Lacombe (1re)	H.	Alcalines	Terrain primitif	35		+	»	3	»	»	»			»	
			(2e)	II.	Idem	Idem	53		+	»		»	»	»			»	
			(3e)	II.	Idem	Idem	72		+	»							»	
			Claribes	II.	Idem	Idem	37	16	+	»	2	»	»	»			»	
			Le Gravier-Bas	II.	Idem	Idem	65	36	+	»				»			»	
			La Condamine	II.	Idem	Idem			+	»	1	»	»	»			»	
* VIC-SUR-CÈRE	Vic-sur-Cère	F.	Vic-sur-Cère	II.	Alcalines, salines gazeuses	Terrain cristallin	18	2.1	+	»	1	»	»	420	——	A. M. 25 juin 1877	»	Les eaux de Vic-sur-Cère jaillissent par quatre orifices ; leurs sont tous salins.
Fau	Crochepeyre	C.	Crochepeyre	II.	Alcalines	Terrain volcanique (tuf et conglomérats)	10	0,5	+	»	1	»	»	»		A. M. 12 décembre 1878	»	
Pau	Planty	C.	Planty	III.	Ferrugineuses et sulfatées	Idem	8	1,7	+	»	1	»	»	»		Idem	»	
Teissières-les-Bouliès	De Grogos	P.	Teissières	III.	Idem	Terrain éruptif	11		+	»	1	»	»	»		A. M. 24 août 1849	»	
* SAINTE-MARIE			Non dénommées (2 s.)	III.	Ferrugineux bicarbonatées	Gneiss			+	»	2	»	»	»	1,000		»	Nota. Il existe, en outre, dans le département d'autres sources minérales non autorisées et qui ne sont pas exploitées, notamment à Médéa, Saint-Géraud, la Chaux, Narnac, etc.
Totaux.							441,3				34	23	»	420	1,800		»	
CHARENTE.																		
Alloue	Availles	P.	Non dénommées (3 sources)	IV.	Chlorurées sodiques	Jonction du granite et du calcaire jurassique (étage inférieur)	15	0,9	+	»	3	»	»	»		A. M. 25 septembre 1812	»	Un très petit nombre de malades consomment annuellement quelques litres de ces eaux. Les sources ne sont pas captées; elles se trouvent dans un marais tourbeux, et c'est à peine si l'on peut reconnaître l'orifice des puits.
CHARENTE-INFÉRIEURE.																		
Soubise	Joseph Lair	P.	La Rouillasse (2 sources)	III.	Ferrugineuses et sulfureuses	Grès verts	18	1,6	+	»	2	»	»	»		A. M. 3 juillet 1819	»	Quelques malades seulement font usage de ces eaux. Environ 2,500 litres sont vendues par le propriétaire, à raison de 0f 50c le litre.
CORSE.																		
Poggiolo	Guagno	D.	St-Antoine de Guagno	I.	Sulfureuses iodurées alcalines	Granite	35	56	+	+	1	36	29	»	150	D. C. 7 septembre 1860	»	L'établissement possède, en outre, une salle de douches.
Terrano	Pardina	P.	Pardina	III.	Acidules ferrugineuses	Schistes calcaires	10	20	+	»	1	»	»	»	1,000	A. M. 1er juin 1874	»	
* RAPAGGIO	Compagnie d'Orezza	D.	Sorgenti Sottana	III.	Idem	Idem	14	20	+	»	1	»	»	»	900	A. M. 25 avril 1856 ; D. C. 7 février 1868	»	
Stazzona	Nicolai	P.	Piano	III.	Idem	Idem	14	4	+	»	1	»	»	»		A. M. 25 octobre 1876	»	Ces trois sources sont voisines de celle d'Orezza; elles ne sont pas fréquentées par les baigneurs.
Rapaggio	Idem	P.	Tassavasta	III.	Idem	Idem	15	0	+	»	1	»	»	»		Idem	»	
San Gavino d'Ampugnagui	Caldane	P.	Caldane	III.	Idem	Idem	10		+	»	1	»	»	»		A. M. 21 décembre 1877	»	
Olmeto	Baraoci	P.	Baraoci	I.	Sulfureuses	Idem	45	50	»	+	1	»	1	»	250	A. M. 25 août 1881	»	Bains de boue.
Serreta-Careopino	Fumichi-Corti	P.	Caldaniccia	L.	Sulfurées sodiques	Idem	37	80	+	+	1	16	»	»	400	D. U. 2 décembre 1831	»	L'établissement possède un vaporarium.
Guitera	Guitera	P.	Caldane	I.	Sulfureuses	Idem	37	60	+	+	1	30	1	»	300		»	
Antisanti	Puzzichello	P.	Puzzichello	L.	Idem	Terrains secondaires calcaires	37	25	+	+	1	20	6	»	250		»	
Isolaccio	Pietrapola	D.	Pietrapola	I.	Sulfureuses faibles	Idem	58	45	+	+	1	20	1	»	50		»	
Zigliara	Urbalacone	P.	Caldane	L.	Sulfureuses iodurées alcalines	Schistes calcaires	32	30	+	+	1	»	2	»	400		»	
Vico	Caldanella	P.	Caldanella	L.	Sulfureuses faibles	Idem	16	30	»	+	1	»	1	»	100		»	
Sollacaro	Giunca	P.	Giunca	I.	Idem	Terrains secondaires calcaires	14	15	»	+	1	»	1	»	100		»	
Sainte-Lucie de Talfano	Caldane	D.	Caldane	I.	Idem	Idem	14	12	+	+	1	»	1	»	60		»	
Totaux.							453				15	122	43	»	3,370		»	
CÔTE-D'OR.																		
Santenay		P.	Fontaine salée	IV.	Chlorurées sodiques	Lias moyen recouvert d'alluvion (limon ferrugineux de la Bresse)	10,5	1,2	+	»	1	»	»	(†) 2,000		A. M. 9 janvier 1841		(†) Ce nombre s'applique aux personnes d'un certain âge qui viennent simplement pour boire le Santenay et à de rares baigneurs y passant seulement quelques jours.

Statistique détaillée des sources minérales exploitées ou autorisées en France et en Algérie, an 1ᵉʳ juillet 1882.

NOMS des départements et des arrondissements (1)	NOMS des établissements ou des propriétaires (2)	Désign. de propr. (3)	NOMS des sources (4)	Classe (5)	NATURE DES EAUX — Dénomination (6)	SITUATION GÉOLOGIQUE des orifices par lesquels les sources arrivent au jour (7)	Tempér. degrés centigr. (8)	Débit litres par minute (9)	Usage Int. (10)	Usage Ext. (11)	Nombre sources exploitées (12)	Nombre baignoires (13)	Nombre douches (14)	Malades 1881 Déclaré (15)	Malades 1881 Réel (16)	DATES des actes administratifs (17)	Étendue du périmètre de protection (18)	OBSERVATIONS (19)
CÔTES-DU-NORD.																		
Dinan	La Commune	C.	Fontaine des eaux	IV.	Ferro-alcalines et arsenicales	Granite	13		+	»	1	»	»	»			»	L'usage de ces eaux remonte au XVIᵉ siècle.
CREUSE.																		
* Évaux	Évaux	P.	Source du grand bassin rond	IV.	Sulfatées sodiques	Les eaux d'Évaux viennent sourdre à l'extrémité aval d'un vallon étroit, au milieu des gneiss, dans un rayon d'une vingtaine de mètres	37	36	»	+						S. M. 19 avril 1839	»	L'autorisation d'exploitation s'applique à l'établissement en général.
			Puits du bassin de vapeur	IV.	Idem	Idem	53	5	»	+						Idem	»	
			Puits du milieu du grand bassin rectangulaire	IV.	Idem	Idem	51	3	»	+						Idem	»	
			Source du manège	IV.	Idem	Idem	46	1	»	+						Idem	»	
			Source Delamarre	IV.	Idem	Idem	51	5	»	+						Idem	»	
			Source Sainte-Marie	IV.	Idem	Idem	49	2,5	+	»						Idem	»	
			Source fleurleur	IV.	Idem	Idem	51	3	»	+						Idem	»	
			Puits carré	IV.	Idem	Idem	48	2,5	»	+						Idem	»	
			Puits rond	IV.	Idem	Idem	48	2	»	+	18	34	3	548		Idem	»	
			Source du bassin elliptique	IV.	Idem	Idem	40	8	»	+						Idem	»	
			Groupe du grand puits	IV.	Idem	Idem	46	9	»	+						Idem	»	
			Grand puits Déglande	IV.	Idem	Idem	50	7	»	+						Idem	»	
			Petit puits de César	IV.	Idem	Idem	45	8	»	+						Idem	»	
			Source de César	IV.	Idem	Idem	57	11	»	+						Idem	»	
			Source du Rocher	IV.	Idem	Idem	45	6	+	+						Idem	»	
			Source du grand bassin rectangulaire	IV.	Idem	Idem	49	24	»	+						Idem	»	
			Puits des moulures	IV.	Idem	Idem	50	4	»	+						Idem	»	
			Petite cour Déglande	IV.	Idem	Idem			»	+						Idem	»	
Totaux								133			18	34	3	548			»	
DOUBS.																		
Guillon	Guillon	P.	Guillon	L.	Sulfureuses calciques	Lias moyen	15	20	÷	+	1	18	»	»	125	A. M. 25 septembre 1856	»	Établissement d'eau calcique important et fréquenté seulement par les habitants des cantons environnants.
Luc ou Villers	Villers-le-Luc	P.	Villers	III.	Ferrugineuses	Terrain néocomien	17	5,5	÷	»	»	»	»	»		A. M. 27 février 1852	»	Source inexploitée depuis longtemps.
Totaux								20			1	18	»	»	125		»	
DRÔME.																		
* Montbrun	Montbrun-les-Bains	P.	Plâtrière	I.	Sulfureuses calciques	Formation gypseuse rapportée au terrain tertiaire inférieur	10,5	135	+	+	2	50	»	»	490	A. M. 12 mai 1859	»	On a expédié en 1881 peu de bouteilles de la première source et bas de la seconde.
			Les Roches	I.	Idem	Idem	10,5	31	+	+						Idem	»	
Propiac	Château-Salin	P.	Daniel	IV.	Sulfatées calciques	Séparation des dolomies gypseuses et des marnes noires rapportées aux lias	16	180	+	+	1	24	»	»	197	A. M. 29 août 1845	»	Expédition en 1882 : 227 bouteilles. — Il existe aussi à Propiac plusieurs autres sources sulfatées calciques non minérales, dont deux sont employées pour l'usage médical. Il y a également deux sources chlorurées.

Statistique détaillée des sources minérales exploitées ou autorisées en France et en Algérie, au 1er juillet 1882.

NOMS des départements et des communes (1)	NOMS des établissements ou des propriétaires (2)	Désignation du propriétaire (3)	NOMS des sources (4)	Classe (5)	Nature des eaux — Désignation (6)	Situation géologique des couches par lesquels les sources arrivent au jour (7)	Température en essais centigrades (8)	Débit moyen par minute (9)	Usage — Interne (10)	Usage — Externe (11)	Nombre des sources exploitées (12)	Nombre des baignoires (13)	Nombre des piscines (14)	Malades déclaré (15)	Malades évalué (16)	Dates des actes administratifs (17)	Étendue du périmètre de protection (18)	Observations (19)
Condorcet	Condorcet-les-Bains	P.	Non dénommée	IV.	Sulfatées calciques	Filon de célestine associé à un puissant amas de gypse dans des marnes noires rapportées au lias	13	20	+	+	1	15	»	»	300	A. M. 21 janvier 1879	»	
Peyols	Albert Pion	P.	Cerisier	IV.	Chlorurées avec traces fort sensibles de brôme et d'iode	Conglomérats à éléments calcaires, ciment marneux et marnes oxfordiennes	14,5	3	+	+	1	13	»	»	200	A. M. 10 mai 1863	»	Il existe une autre source, dite de la galerie, beaucoup plus minéralisée, mais non autorisée.
Pont-de-Barrei	Durand	P.	Souveraine	IV.	Bicarbonatée calciques	Calcaire néocomien	11	9	+	+	1	5	»	»	500	A. M. 6 octobre 1851	»	Le propriétaire a déclaré avoir expédié de 11 à 12,000 bouteilles en 1880.
*Acqel	Bourdouyre	P.	Bourdouyre	IV.	Acidules très légèrement iodurées	Calcaire marneux oxfordien	11,5	9	+	»	1	»	»	»	...	A. M. 29 avril 1869	»	On expédie annuellement environ 12,000 bouteilles.
Alhac	Guilhaumiot	P.	Rondonneau	IV.	Acidules légèrement sulfureuses et bromo-iodurées	Argile mélangée de sable reposant sur le terrain néocomien et représentant peut-être les grès verts	15	80,5	+	»	1	»	»	»	...	A. M. 8 septembre 1858	»	On expédie annuellement 7 à 8,000 bouteilles.
*Condillac	Condillac	P.	Anastasie	IV.	Acidules avec traces d'iode	Déchirure du terrain néocomien	12,5	2,7	+	»	1	»	»	»	...	A. M. 1er mai 1852 ; D. U. 28 novembre 1848	»	On expédie journellement de 2,000 à 2,500 bouteilles. Il existait autrefois à Condillac une autre source dite Léon, tarie depuis longtemps.
Mareils	Maffit	P.	Bretonnière	III.	Ferrugineuses	Marnes argileuses gris bleuâtre rapportées au terrain tertiaire supérieur	14	0,9	+	»	»	»	»	»	...	A. M. 5 mars 1878	»	Source inexploitée.
Totaux								479,2	....	....	9	108	»	490	1,197		»	
EURE — Mesnil-sur-l'Estrée		P.	Prieuré d'Hendreville	H.	Alcalines	Craie blanche	10	...	+	»	1	»	»	»	...	A. M. 5 octobre 1867	»	Le débit de la source, qui se fait par le fond d'un puits de 40 mètres de profondeur, n'a jamais été mesuré. — Les eaux ne sont pas prises sur place, mais expédiées en bouteilles. Il en est livré à la consommation environ 3,500 bouteilles par an.
FINISTÈRE — Kerlouën		P.	Le Louet-an-Droff	IV.	Sulfurées iodo-chlorurées sodiques	Granite recouvert de tourbe	12	5,5	+	»	1	»	»	»	...	A. M. 20 décembre 1878	»	
GARD — *Avèze	Cauvalat	P.	Benjamin	I.	Sulfurées calciques	Micaschiste silurien	15	9	»	+	4	33	»	»	140	A. M. 16 juillet 1841	»	
			Émilie	I.	Idem	Idem	15	16	+	»						Idem	»	
			Augustine	I.	Idem	Idem	15	6	»	+						Idem	»	
			Verdier	I.	Idem	Idem	15	12	»	+						Idem	»	
*Saove	Fonsanges	P.	Fonsanges	I.	Idem	Marnes et calcaires argileux néocomiens	23	27	+	+	1	25	»	»	258	A. M. 27 avril 1876	»	
*Allègre (Les Fumades) — Établissement principal		P.	Étienne	I.	Idem	Calcaires de l'éocène lacustre du bassin d'Alais	15	98	+	+	2	24	»			A. M. 2 septembre 1853	»	
			Thérèse	I.	Idem	Idem	15	100	+	+						...	»	
			Pierre	I.	Idem	Idem	15	60	+	»						A. M. 23 septembre 1871	»	
Établissement Roustant		P.	Romaine	I.	Idem	Idem	15	80	»	+	4	17	»		510	A. M. 6 avril 1880	»	
			Roustant	I.	Idem	Idem	15	13	»	+						Idem	»	
			Julin	I.	Idem	Idem	15	40	»	+						Idem	»	
Établissement Justet		P.	Zoé	I.	Idem	Idem	15	100	+	»	2	7	»			A. M. 3 décembre 1853	»	
			Près de la maison	I.	Idem	Idem	15	70	+	+						Idem	»	
*Euzet	Euzet-les-Bains	P.	Lovalette	I.	Idem	Calcaires asphaltiques de l'éocène lacustre d'Alais	13	11	+	+						A. M. 5 novembre 1867	»	
			Marquise	I.	Idem	Idem	13	17	»	+	3	22	»		300	...	»	
			Auphan	III.	Ferrugineuses magnésiennes	Idem	14	22	+	»						...	»	
			Comtesse	I.	Sulfurées	Idem	13	8	»	»						...	»	Cette source n'est pas utilisée.

Observations (en-tête) : (Colonne 1re : Communes où résident des médecins inspecteurs. — Col. 3. Sources appartenant au domaine de l'État : E. ; aux départements : D. ; aux communes : C. ; aux particuliers : P. — Col. 17. A. M. : autorisation ministérielle ; D. U. : décret d'utilité publique ; D. P. : décret fixant le périmètre de protection. — Les sources non exploitées sont indiquées en italiques.)

Statistique détaillée des sources minérales exploitées ou autorisées en France et en Algérie, au 1er juillet 1882.

NOMS des départements et des communes	NOMS des établissements et des propriétaires	Nature de propriété	NOMS des sources	N°	NATURE DES EAUX (désignation)	SITUATION GÉOLOGIQUE des couches par lesquels les sources arrivent au jour	TEMPÉRATURE (degrés centigrades)	DÉBIT moyen par minute (litres)	Usage interne	Usage externe	Nombre des sources exploitées	Nombre des baigneurs	Nombre des buveurs	Malades déclarés 1881	Soldats	DATES des actes administratifs	Étendue du périmètre de protection	OBSERVATIONS
1	2	3	4	5	6	7	8	9	10	11	12	13	14	15	16	17	18	19
Saint-Jean-de-Ceyrargues	Molines	P.	Sophie	I.	Sulfurées calciques	Calcaires asphaltiques de l'éocène lacustre d'Alais	10	20	+	+	2	12	»	60	»	A. M. 31 mai 1843	»	Les eaux de ces deux sources sont recueillies dans un même réservoir.
	Molines		Anna	I.	Idem	Idem	10	»	+	+	»	4	»	»	»	Idem	»	
	Péladon	P.	Péladon	I.	Idem	Idem	18	»	+	+	»	4	»	»	»	Idem	»	L'établissement est loué régulièrement par le propriétaire. Le débit de la source n'a jamais été mesuré.
Vergèze	Les Bouillens	P.	Granier	IV.	Acidules gazeuses	Argiles et sables subapennins	16	14	+	+	3	8	1	150	»	A. M. 23 juin 1843	»	
	Les Bouillens		Dolimbert	IV.	Idem	Idem	15	»	+	+						Idem	»	
			Ponge	IV.	Idem	Idem	15	»	+	+						Idem	»	
	Dennis	P.	Dennis	IV.	Idem	Idem	15	6	+	»	1	»	»	»	»	A. M. 22 décembre 1876	»	L'eau s'expédie en bouteilles cachetées.
Saint-Hippolyte-de-Caton		P.	Saint-Hippolyte-de-Caton	I.	Sulfurées calciques	Calcaires de l'éocène lacustre du bassin d'Alais	13	»	+	»	1	»	»	»	»	A. M. 18 février 1861	»	Le débit de cette source est faible; l'eau est sulfatée seulement en hautes eaux par les gens du pays.
Saint-Félix-des-Pallières		P.	Magnanarille	III.	Ferrugineuses	Marnes du trias	12	10	+	»	»	»	»	»	»	A. M. 26 juin 1877	»	Source non utilisée.
Totaux								736			23	147	1	1,224	310		»	
GARONNE (HAUTE-)	Bagnères-de-Luchon	C.	Ferras ancienne	I.	Sulfurées sodiques	Jonction du granite et des micaschistes	39,5	1,2	+	+						A. M. 27 mars 1876	»	
			— nouvelle	I.	Idem	Idem	43	0,9	+	+						Idem	»	
			Kilgny	I.	Idem	Idem	49	6,6	+	+						Idem	»	
			Ensélide	I.	Idem	Idem	50	1,3	+	+						Idem	»	
			Bosquet	I.	Idem	Idem	36,5	11	»	+						Idem	»	
			Borden	I.	Idem	Idem	32	46	»	+						Idem	»	
			Richard inférieure	I.	Idem	Idem	34,5	12	»	+						Idem	»	
			— supérieure et Audenar	I.	Idem	Idem	49,5	30	»	+						Idem	»	
*Bagnères-de-Luchon			Blanche	I.	Idem	Idem	43	5,7	»	+	18	121	3	3,370	—	Idem	»	On évalue à 30,000 le nombre total des personnes qui viennent à Luchon, chaque année.
			Tibles	I.	Idem	Idem	41	0,9	+	+						Idem	»	
			Reine	I.	Idem	Idem	56	44,5	+	+						Idem	»	
			La Grotte inférieure	I.	Idem	Idem	53,5	5,4	+	+						Idem	»	
			— supérieure	I.	Idem	Idem	54,5	5	+	+						Idem	»	
			Bayen	I.	Idem	Idem	71,5	»	+	+						Idem	»	Débit très faible, on n'a dit à la source Reine.
			Romains	I.	Idem	Idem	45,5	1,1	+	+						Idem	»	
			Le Prés n° 1	I.	Idem	Idem	58,5	3,3	+	+						Idem	»	
			— n° 2	I.	Idem	Idem	47,5	1	+	+						Idem	»	
			— n° 3	I.	Idem	Idem	46,5	2	+	»						Idem	»	
	Lins Baris	P.	Sourouilles	III.	Ferrugineuses arsenicales iodurées	Filon de pyrites arsenicales encaissé dans des quartz et des phyllades magnésiques	13,5	0,2	+	»	1	»	»	»	»	A. M. — juin 1876	»	Il a été expédié 8,000 bouteilles en 1880.
Salies	Salin	P.	Salés	IV.	Salées	Terrain nummulitique	18	25	»	+	1	10	»	50	»	A. M. 4 février 1876	»	Établissement ouvert le 20 juin 1881.
Barbazan	Bon Séjour	P.	Le Saulé	IV.	Sulfatées calciques et magnésiennes	Alluvions anciennes reposant sur le terrain crétacé inférieur	19,5	10	+	+	1	12	»	5,600	»	A. M. 23 mars 1867	»	
	Verdier	P.	Verdier	IV.	Idem	Idem	13,5	28	»	+	1	»	»	»	»	A. M. 23 mai 1882	»	
Laberthe-Rivière	Puyfourcat	P.	Non dénommés	IV.	Sulfatées calciques	Idem	21	»	»	+	1	17	»	700	»	A. M. 28 juin 1861	»	Débit eau minéral.
	Chaufran	P.	Les Bains	IV.	Idem		22,5	21	+	+	1	10	1	500	»	A. M. 12 décembre 1878	»	
*Encausse	Durget	P.	Darget	IV.	Sulfatées calciques et magnésiennes gazeuses	Calcaires liasiques	22	»	+	+	1	»	»	»	»	A. M. 14 août 1863	»	
	La Commune	C.	La Commune	IV.	Idem	Idem	22	55,5	+	+	1	30	»	1,550	—	A. M. — pluviôse an XIII	»	
Ganties	Chaoux	P.	Bagnis	IV.	Bicarbonatées calciques et ferrugineuses		13,5	»	+	+	1	»	»	»	»	A. M. 17 août 1819	»	

Statistique détaillée des sources minérales exploitées ou autorisées en France et en Algérie, au 1er juillet 1882.

NOMS DES DÉPARTEMENTS et des communes (1)	NOMS DES ÉTABLISSEMENTS ou des propriétaires (2)	DÉSIGNATION du propriétaire (3)	NOMS DES SOURCES (4)	CLASSE (5)	NATURE DES EAUX — DÉSIGNATION (6)	SITUATION GÉOLOGIQUE (7)	TEMPÉRATURE en degrés, source principale (8)	DÉBIT moyen par minute, litres (9)	USAGE 1er terme (10)	USAGE 2e terme (11)	NOMBRE des sources exploitées (12)	NOMBRE des baignoires (13)	NOMBRE des pompes (14)	MALADES 1881 Déclaré (15)	MALADES 1881 Évalué (16)	DATES DES ACTES ADMINISTRATIFS (17)	ÉTENDUE du périmètre de protection (18)	OBSERVATIONS (19)
Boussac		P.	Barthélé	IV.	Bicarbonatées calciques et ferrugineuses	Terrain nummulitique	17	......	»	+	1	12	1	»	500	A. M. 16 septembre 1863	»	
Le Plan	Saffont	P.	Castilla	III.	Ferrugineuses	Idem	15	1.1	÷	»	1	»	»	»	50	A. M. 1er septembre 1880 — B. C. 21 décembre 1879	3 32 00	Les baigneurs sont en petit nombre
Soleich et Castagnède		P.	La Pyrhus	III.	Ferrugineuses acidulées	......	14	......	÷	÷	1	3	»	»	......	A. M. 27 avril 1876	»	
Couret	Bagnères	P.	Bagnères	III.	Ferrugineuses salines	......	......	......	÷	+	1	18	»	»	1,850	......	»	
TOTAUX								301,7	......	......	31	259	5	4,050	9,280	......	3 32 00	
GERS.																		
Castéron	Barbotan	P.	*Groupe n° 1* — grand bassin	I.	Sulfureuses salines	Les eaux sourdent d'un banc tourbeux, mais elles paraissent venir d'un relèvement du terrain crétacé existant en peu de profondeur.	30.3	34	»	+						A. M. 6 juin 1840	»	
			piscine n° 1	I.	Idem	Idem	31.2	......	»	+						Idem	»	
			idem n° 2	I.	Idem	Idem	32.8	......	»	+						Idem	»	
			bain des pauvres	I.	Idem	Idem	33.9	......	»	÷						Idem	»	
			ferrugineuse	III.	Ferrugineuses	Idem	24.3	13	+	»						Idem	»	
			Groupe n° 2 — les boues	I.	Sulfureuses	Idem	31	......	»	÷						Idem	»	
			la douche	I.	Idem	Idem	30.2	56	»	+						Idem	»	Le débit des sources les plus importantes de Barbotan est seul connu avec précision.
			le marais bourbeux	I.	Idem	Idem	33.1	......	»	÷	12	30	11	1,200	—	Idem	»	
			Groupe n° 3 — piscine des bains non parés	I.	Idem	Idem	19	......	»	+						Idem	»	
			lavoir des bains non parés	I.	Idem	Idem	30.5	......	»	+						Idem	»	
			Groupe n° 4 — buvette sulfureuse	I.	Idem	Idem	29.8	......	+	»						Idem	»	
			Groupe n° 5 — Saint-Pierre	I.	Idem	Idem	32.1	......	»	+						Idem	»	
Aurensan	Aurensan	P.	Non dénommées (3 src)	IV.	Salines et ferrugineuses	Marne inférieure (miocène)	......	34,7	+	÷	3	9	»	»	350	A. M. 22 janvier 1840	»	
Castéra-Verduzan	Le Mazin	P.	Supérieure et inférieure	I.	Sulfureuses calciques	Banc tourbeux recouvrant le terrain crétacé	16	......	+	+	3	14	»	»	183	A. M. 8 mai 1841	»	
	Castéra-Verduzan		Sulfureuse	I.	Idem	Terrain crétacé	23.5	93	+	+	2	26	»	»	450	Idem	»	
			Ferrugineuse	III.	Ferrugineuse	Idem	23.2	73	+	+						Idem	»	
Lavardens	Fontaine-Chaude	P.	Fontaine-Chaude	IV.	Acidulées gazeuses, sulfureuses	Dolomies du terrain crétacé	19	213	÷	+	1	6	»	»	320	A. M. 2 juillet 1856	»	
Ramouzens	La Horte	P.	La Horte (2 sources)	IV.	Chlorurées sodiques et calciques	Marne tertiaire (miocène)	15.5	......	+	+	2	7	»	»	163	A. M. 20 août 1867	»	
Ramouzens	Le Mouran	P.	Le Mouran	I.	Sulfureuses calciques	Banc tourbeux recouvrant probablement le terrain crétacé	15	......	»	+	1	7	»	»	70	A. M. 6 juillet 1859 — 21 mars 1871	»	
TOTAUX								515,7	......	......	23	99	11	1,290	1,530	......	»	
GIRONDE.																		
Civrac	Bonnet	P.	La Bale	III.	Ferrugineuses	Sable des Landes	12	300	+	+	1	10	»	»	35	A. M. 9 mai 1840	»	
Cudos	Duroux Billet	P.	Les Fontaines	III.	Idem	Idem	11	200	+	»	2	»	»	»	......	A. M. 14 janvier 1881	»	
			Les Saldons	III.	Idem	Idem	11	300	+	»						Idem	»	
TOTAUX								800	......	......	3	10	»	»	35	......	»	

(19) OBSERVATIONS. — Col. 3. P. : Communes ou propriétaires auxquels appartiennent les sources. — Col. 3. Sources appartenant au domaine de l'État : E. ; aux départements : D. ; aux communes : C. ; aux particuliers : P. — Col. 17. A. M. : autorisation ministérielle ; D. U. : déclaration d'utilité publique par D. P. : décret. Les actes fixant le périmètre de protection. — Les sources non exploitées sont indiquées en italiques.

Statistique détaillée des sources minérales exploitées ou autorisées en France et en Algérie, au 1er juillet 1882.

NOMS des départements et des communes (1)	NOMS des établissements ou des propriétaires (2)	Désignation (3)	NOMS des sources (4)	Nature — n° (5)	Nature — désignation (6)	Situation géologique des terrains par lesquels les sources arrivent au jour (7)
HÉRAULT.						
* LAMALOU	Lamalou. — Le Centre.	P.	Bourges	II.	Bicarbonatées sodiques, ferrugineuses carbonatées	Schistes dévoniens
			Capus (buvette)	III.	Ferrugineuses	Idem
			Source nouvelle	III.	Idem	Idem
	— Le Bas.	P.	Source ancienne	II.	Bicarbonatées sodiques, ferrugineuses carbonatées	Idem
			Steline	II.	Idem	Idem
			Le Cardinal	II.	Idem	Idem
			L'Uselade	II.	Idem	Idem
	— Le Haut.	P.	Source chaude	II.	Idem	Idem
			Source tempérée	II.	Idem	Idem
			Carrière	II.	Idem	Idem
			Petit Vichy (buvette)	II.	Idem	Idem
			La Mine	III.	Ferrugineuses	Idem
			Moïse	II.	Bicarbonatées sodiques et ferrugineuses	Idem
* AVÈNE	Avène	P.	Avène	II.	Alcalines arsénicales	Porphyre quartzifère dans les calcaires dévoniens
Cazouls-lès-Béziers	Montmajou	P.	Les Bains	IV.	Très peu minéralisées	Marnes supraliasiques
			Le Puits	IV.	Chlorurées sodiques sulfatées magnésiennes	Idem
* BALARUC	Balaruc	P.	Source ancienne	IV.	Chlorurées sodiques fortes	Terrain quaternaire; dépôts détritiques
			Bidon	IV.	Chlorurée sodique	Idem
Salvetat	Riotajou	P.	La Grotte n° 1	III.	Ferrugineuses alcalines gazeuses	Granite
Cette		P.	Saint-Joseph	IV.	Chlorurées sodiques	Terrain quaternaire; dépôts détritiques
Palavas		P.	Palavas	III.	Ferrugineuses alcalines gazeuses	Dépôts actuels, dunes de sable
Les Aires	La Vernière	P.	La Vernière (buvette)	II.	Alcalines gazeuses	Schistes dévoniens
Juvignac		P.	Fontcaude	IV.	Salines	Terrain miocène
Saint-Julien		P.	Saint-Julien	IV.	Idem	Terrains apurns; pegmatites et micaschistes
Toussac		P.	La Veyrasse	II.	Bicarbonatées sodiques et calciques	Schistes dévoniens
			Le docteur Currière	IV.	Salines	Oolithe inférieure
TOTAUX						
INDRE-ET-LOIRE.						
Semblançay		P.	Fontaine de Semblançay	III.	Ferrugineuses	Calcaire du terrain crétacé (étage supérieur). L'eau sourd au fond d'une excavation de 1 mètre de profondeur et se déverse à l'extérieur
ISÈRE.						
* Uriage	Uriage	P.	Salins et sulfureuse	I.	Sulfureuses salines	Schistes argilo-calcaires à bélemnites du lias
			Ferrugineuse	III.	Ferrugineuses	Terrains du transport recouvrant les schistes argilo-calcaires du lias

NOMS des sources (4)	Température en degrés centigrades (8)	Débit moyen par minute (9)	Usage — interne (10)	Usage — externe (11)	Nombre des sources exploitées (12)	Nombre des bains communs (13)	Nombre des piscines (14)	Malades 1881 — Débité (15)	Malades 1881 — Évalué (16)	Dates des actes administratifs (17)	Étendue du périmètre de protection (18)	Observations (19)
Bourges	27		+	+						A. M. 15 avril 1861; D. U., D. P. 18 novembre 1868	62 00 00	
Capus (buvette)	16	28	+	»	3	14	2	270		Idem	3 11 80	
Source nouvelle	22		+	»						A. M. 30 novembre 1881		
Source ancienne	34		+	+						D. U. 1er août 1864; D. P. 13 novembre 1869		
Steline	30	300	+	+	4	4	0	2,186		Idem	79 20 13	
Le Cardinal	31		+	+						Idem		
L'Uselade	48		+	+						Idem		
Source chaude	31		+	+						D. C. 16 août 1865; D. P. 11 juin 1867		
Source tempérée	27		+	+						Idem		
Carrière		300	+	»	6	2	0	1,180		Idem	59 65 00	
Petit Vichy (buvette)			+	»						Idem		
La Mine			+	»						Idem		
Moïse			+	»						Idem		
Avène	27	350	»	+	1	6	10	180		D. U. 23 novembre 1874	»	
Les Bains	17		»	+	2	16	2		500	A. M. 8 juillet 186.	»	Le débit varie de 2 à 3nd litres, suivant la saison.
Le Puits	18		+	»						Idem	»	Le débit n'est pas bien déterminé. Il varie avec les saisons ainsi que la minéralisation.
Source ancienne	48	215	+	+	1	18	2	434		D. C. 11 juillet 186.; D. P. 11 août 186.		
Bidon	16	48	+	+	»	»	»	»		A. M. 2 octobre 1873	»	Cette source récemment a été achetée par les propriétaires de la source ancienne.
La Grotte n° 1	13		+	»	1	»	»	»	500	A. M. 1 février 1848	»	
Saint-Joseph			+	»	1	»	»	»	400	A. M. 10 mars 1858	»	
Palavas	13		+	»	1	»	»	»		A. M. 20 mars 1876	»	L'eau est livrée gratuitement au public et il n'est pas possible d'indiquer le nombre de personnes qui en boivent.
La Vernière (buvette)			+	»	1	»	»	»	1,500	A. M. 18 avril 1861	»	
Fontcaude	33,7		»	+	»	»	»	»		A. M. 29 juin 1836	»	Source inexploitée. L'établissement se composait de baignoires en 1836.
Saint-Julien			»	+	»	»	»	»		A. M. 20 octobre 1831	»	Source inexploitée.
La Veyrasse			»	+	»	»	»	»		A. M. 14 septembre 1832	»	Idem.
Le docteur Currière			»	+	»	»	»	»		A. M. 26 juillet 1842	»	Idem.
TOTAUX		1,193			21	60	28	4,310	2,900		204 05 93	
Fontaine de Semblançay	12	4	+	»	1	»	»	»		A. M. 1er décembre en 186.	»	Les eaux ne sont employées que par les habitants de la localité.
Salins et sulfureuse	25	288	+	+	2	132		*1,500		A. M. 18 avril 1877	»	* Ce nombre est celui des baigneurs seulement. Quant au nombre des baigneurs et des vichois, il est au total d'environ 6,000.
Ferrugineuse	13	20	+	»						Idem	»	

Légende (Observations): Col. 1 : Communes où résident des médecins inspecteurs. — Col. 3. Sources appartenant au domaine de l'État : R. ; aux départements : D. ; aux communes : C. ; aux particuliers : P. — Col. 17, A. M. : autorisation ministérielle ; D. U. : décret d'utilité publique ; D. P. : décret fixant le périmètre de protection. — Les sources non exploitées sont indiquées en italique.

Statistique détaillée des sources minérales exploitées ou autorisées en France et en Algérie, au 1er juillet 1882.

NOMS des établissements et des communes	NOMS des établissements ou des propriétaires	Classif. de propriété	NOMS des sources		NATURE DES EAUX	SITUATION GÉOLOGIQUE des terrains par lesquels les sources reviennent au jour	TEMPÉRATURE en degrés centigrades	DÉBIT moyen par minute (litres)	USAGE DES EAUX Interne	USAGE DES EAUX Externe	NOMBRE des sources ou piscines publiques	NOMBRE des baignoires	NOMBRE des piscines	MALADES en 1881 Déclaré	MALADES en 1881 Évalué	DATES des actes administratifs	ÉTENDUE du périmètre de protection	OBSERVATIONS
1	2	3	4	5	6	7	8	9	10	11	12	13	14	15	16	17	18	19
* Allevard	Allemond	P.	Le Bout-du-Monde	I.	Sulfureuses	Schistes argilo-calcaires à bélemnites du lias. L'eau jaillit dans un petit puits de 6 mètres de profondeur	16	90	+	±	1	34	"	*1,461	—	A.M. 4 août 1835. R.O. 24 mars 1849		[illegible]
* La Motte-Saint-Martin	La Motte-les-Bains	P.	Le Puits	IV.	Salines bromo-chlorurées	Calcaires inférieurs du lias. Les sources émergent des alluvions du Drac	57	99	+	+	1	36	1	522	—	A.M. 17 mars 1856		[illegible]
			La Dune	IV.	Idem	Idem	62	110	+	+	"	"	"	"		Idem		
La Terrasse	La Terrasse	P.	Les Combettes	I.	Sulfureuses alcalines et salines	Marnes oxfordiennes, recouvertes par des terrains meubles dans lesquels est percée une galerie de 70 mètres de longueur qui amène l'eau minérale au jour	13	8,5	+	±	1	10	1	"	210	A.M. 14 juillet 1852		[illegible]
Veurey	L'Échaillon	P.	L'Échaillon	I.	Sulfureuses	Calcaires néocomiens inférieurs	21	45	+	+	1	10	1	"		A.M. 2 décembre 1852		
Cornillon-en-Trièves	Oriol. {Chevalier}	P.	Arcadias	III.	Ferrugineuses et gazeuses	Schistes de la base du terrain oxfordien	10	3	±	"	2	"	"	"		A.M. 29 décembre 1879		[illegible]
			Boulonnenche	III.	Idem	Idem	11	2	+	"						Idem		
	{Durand Savoyel}	P.	Valentine	III.	Idem	Idem	11	2	+	"	2					A.M. 20 mars 1876		
			Amélie	III.	Idem	Idem	10,5	2,5	+	"						Idem		
	{Auvergne}	P.	Auvergne	III.	Idem	Idem	11	2	+	"	1							
Moûtier-de-Clermont	Moûtier-de-Clermont	P.	Bertrand	II.	Alcalines gazeuses	Calcaires marneux de l'étage oxfordien			+	"	3							[illegible]
			Bonnet	II.	Idem	Idem			+	±								
			Gautier	II.	Idem	Idem			+	"								
Tullins	Fures	P.	Fures	II.	Alcalines légèrement gazeuses	Terrains d'alluvions	15	90	"	+	1	0	"	"				[illegible]
Totaux.								659			15	231	3	3,483				
JURA.																		
* Salins	Salins	P.	Puits-à-Muire	IV.	Chlorurées sodiques	Grès du Kemper	10,5	550	+	+	1	82	1	"	1,200	A.M. 25 mars 1856		Établissement thermal indépendant de la mine de sel.
Lons-le-Saunier	Puits salé	P.	Puits salé	IV.	Idem	Marnes du trias	13	300	÷	÷	1	40	1	"	450	A.M. 19 novembre 1856		Idem.
Totaux.								550			2	122	2	"	1,650			
LANDES.																		
	Thérèses-de-Sainte-Marguerite	P.	Le Bastion	IV.	Sulfatées calciques et chlorurées sodiques	Terrain tertiaire, faille de l'Adour en relation avec les ophites	59,8	307,0	"	+						A.M. 24 juillet 1875		
			Sainte-Marguerite ou Bébi	IV.	Idem	Idem	59,5	69,4	"	÷	2	37	21			Idem		
* Dax	Saint-Pierre	P.	Saint-Pierre	IV.	Idem	Idem	35		"	+	1	24	13			A.M. 1er juillet 1851		
	Thermes-Bonnains	P.	Julia (2 sources)	IV.	Idem	Idem	42 et 54		"	+	2	14	3			A.M. 7 mars 1875		(1) Ce nombre s'applique aux seuls communes de Dax, Tercis et Saubosse.
	Les Baignots	P.	Non dénommée	IV.	Idem	Idem	53,7	27,8	"	+	1	18	12	10,499	—	Idem		
	Sévis	P.	Non dénommée	IV.	Idem	Idem	43	41	"	+	1	"	12			Idem		
* Tercis	La Bagnère	P.	La Bagnère	IV.	Chlorurées sodiques	Terrain tertiaire; relèvement du terrain crétacé	37,5	08	+	+	1	12	"			A.M. 28 février 1851		
* Préchacq	Gausarigue, Camps et Maysonnes	P.	L'Œil ou Source ancienne	IV.	Idem	Prolongement de la faille de l'Adour, à Dax	91,7	50	"	+	2	G	2	743		Idem		Le débit de cette source est à citer.
			Nouvelle sulfureuse	I.	Sulfureuses calciques	Idem	14,5		+	+						Idem		
Villeneuve	Villeneuve	P.	Le Brousté	III.	Ferrugineuses	Terrain miocène	15	5,7	+	+	1	G	"	"	1,100	A.M. 15 avril 1873		
* Camarde	Dompuier	P.	Marie	I.	Sulfureuses calciques chlorurées	Alluvions au voisinage des dolomies	14,5	150	+	+	1	G	"	150		A.M. 23 avril 1874		
* Sacresse	Saubosse	C.	Jeannin	IV.	Boues sulfatées calciques et chlorurées sodiques	Relèvement du terrain crétacé	23	50	"	+	1	"	1	"		A.M. 28 février 1851		

Statistique détaillée des sources minérales exploitées ou autorisées en France et en Algérie, au 1er juillet 1882.

NOMS des départements et des communes	NOMS des établissements ou des propriétaires	abrév. du propriétaire	NOMS DES SOURCES	CLASSE	NATURE DES EAUX (désignation)	SITUATION GÉOLOGIQUE des terrains par lesquels les sources arrivent au jour	TEMPÉRATURE en degrés centigrades	DÉBIT total par minute (litres)	USAGE — boisson	USAGE — bains	NOMBRE des sources exploitées	NOMBRE des baignoires	NOMBRE des piscines	NOMBRE DES MALADES en 1882 — traités	É. Ind.	DATES des actes administratifs	ÉTENDUE du périmètre de protection	OBSERVATIONS
1	2	3	4	5	6	7	8	9	10	11	12	13	14	15	16	17	18	19
* Eugénie-les-Bains		P.	Non dénommées (2 sources)	I.	Sulfurées calciques	Terrain néocène	15,5	12	+	+	2	7	"	"	140	A. M. 22 juin 1852	"	Les établissements de Saint-Loubouer, de Nicolas, de Le Bois et de Biras ont été l'objet de demandes en autorisation, non encore suivies d'effet.
	Thermes de Saint-Loubouer	P.	Saint-Loubouer	I.	Sulfureuses alcalines	Idem	19,5	67	+	+							"	
			Les Prés	I.	Idem	Idem	17	27	+	+	3	25	"	"	800		"	
			Amélie	I.	Sulfurées calciques	Idem	18,5	35,5	+	+							"	
	Nicolas	P.	Nicolas (2 sources)	I.	Sulfureuses alcalines	Idem	15,5	27	+	+	2	12	"	"	400		"	
	Le Bois	P.	Le Bois	I.	Sulfureuses ferrugineuses	Idem	17,5	24	+	+	1	6	"	"	120		"	
Pouillon	Biras	P.	Biras	IV.	Chlorurées sodiques	Terrain gypso-salifère	19	120	+	"	1	"	"	"	"		"	
								Totaux. 1,072			22	178	64	11,304	1,560		"	
LOIR-ET-CHER.																		
Saint-Denis-sur-Loire		P.	Mélicis	III.	Ferrugineuses iodurées	Terrain tertiaire superposé au terrain crétacé	12		+	+	"	"	"	"	"	A. M. 20 septembre 1858	"	Les sources, très mal aménagées, sont abandonnées depuis 1872.
			Rencontre	III.	Idem	Idem	14	190	+	+	"	"	"	"	"	Idem	"	
			Henri IV	III.	Idem	Idem	11		+	+	"	"	"	"	"	Idem	"	
LOIRE.																		
* Saint-Alban	Saint-Alban	P.	César	II.	Bicarbonatées sodiques et calciques gazeuses	Porphyre granitoïde	17,2		+	+						A. M. 13 novembre 1858	"	
			Faustine	II.	Idem	Idem	17,2	111	+	+	4	36	"	1,293		Idem	"	1,663,000 bouteilles ont été expédiées en 1877.
			Julie	II.	Idem	Idem	17,2		+	+						Idem	"	
			Antonia	II.	Idem	Idem	17,2		+	+						Idem	"	
	Sail-sous-Couzan	G.	Pontfort	II.	Bicarbonatées sodiques gazeuses légèrement ferrugineuses	Filon de pyrite et de galène	19	11	+	+						A. M. 24 décembre 1858	"	
* Sail-sous-Couzan		P.	Dominique ou Rimaud	II.	Idem	Granite schisteux décomposé		20	+	"	3	25	"	"	1,200	A. M. 13 mai 1868	"	1,002,000 bouteilles ont été expédiées en 1877.
			Breuil	II.	Idem	Idem			+	+							"	
	Bayon	P.	Ancienne	II.	Idem	Idem			+	"						A. M. 12 décembre 1858	"	Source non captée.
			Nouvelle	II.	Idem	Idem		4	+	"	2	"	"	"		Idem	"	Source incomplètement captée.
	Épézy	P.	Épézy	II.	Idem	Filon de pyrite et de galène	13	9	+	+	1	"	"	"			"	
		C.	Fontfort	II.	Bicarbonatées sodiques et calciques gazeuses	Terrain granitique	17	19,4	+	"	"					A. M. 19 mai 1818	"	
	Badoit	P.	Badoit	II.	Idem	Idem	18,7		+	"	4	"	"	"		A. M. 2 mars 1818	"	
			André	II.	Idem	Idem	18,7		+	"						Idem	"	
			Nouvelle	II.	Idem	Idem	11,5	9	+	"						Idem	"	
	Remy	P.	Remy	II.	Idem	Idem		13,3	+	"	1	"	"	"		A. M. 5 décembre 1894	"	
* Saint-Galmier	Couhière	P.	Ancienne	II.	Idem	Idem		5,6	+	"	2	"	"	"		A. M. 6 décembre 1856	"	Les divers établissements de Saint-Galmier ont expédié environ 5 millions de bouteilles d'eau en 1877.
			Nouvelle	II.	Idem	Idem		13,9	+	"							"	
			Centrale	II.	Idem	Idem	10,5	3,5	+	"						A. M. 13 février 1869	"	
			Durret	II.	Idem	Idem		3,5	+	"						Idem	"	
	Les Sources centrales	P.	Le Pont	II.	Idem	Idem		6,2	+	"	5	"	"	"		A. M. 30 mars 1872	"	
			Martiale	II.	Idem	Idem		0,8	+	"						Idem	"	
			Les Acacias	II.	Idem	Idem		8,3	+	"							"	
	Noël	P.	Noël	II.	Idem	Idem		18,7	+	"	1	"	"	"		A. M. 30 mars 1876	"	

Statistique détaillée des sources minérales exploitées ou autorisées en France et en Algérie, au 1er juillet 1889.

Noms des départements et des communes	Noms des établissements ou des propriétaires	Désign. du propriét.	Noms des sources	Classe	Nature des eaux (désignation)	Situation géologique (des couches par lesquels les sources arrivent au jour)	Température (degrés cent.)	Débit total par minute (litres)	Usage int.	Usage ext.	Nombre des sources exploitées	Nombre des établiss.	Nombre des réservoirs	Malades déclaré	Malades évalué	Dates des actes administratifs	Étendue du périmètre de protection	Observations
Sail-les-Bains	Sail-les-Bains	P.	Les Romains	II.	Alcalines silicatées	Contact du granite et du terrain tertiaire	27	....	+	+						A. M. 21 juillet 1845 et 2 juin 1881	»	
			Le Hamel	II.	Alcalines silicatées iodurées	Idem	34	800	»	+						Idem	»	
			Urphée	II.	Alcalines silicatées	Idem	26,3	....	+	+	6	....	1	200	——	Idem	»	1,200 bouteilles ont été expédiées en 1877.
			Bellety	III.	Ferrugineuses carbonatées crénatées	Idem	11	1	+	»						Idem	»	
			De Persigny	I.	Sulfureuses alcalines silicatées	Idem	26,A	....	+	+						Idem	»	
			Sulfureuse	I.	Idem	Idem	23	....	+	»						Idem	»	
Renaison	Chanteret	P.	Chanteret	II.	Bicarbonatées sodiques et calciques gazeuses	Contact du porphyre granitoïde et du terrain de transition	....	4,2	+	»	1	»	»	»	....	A. M. 2 juillet 1852	»	Il a été expédié en 1877 environ 850,000 bouteilles, tant en eaux minérales qu'en Limonade et eau gazeuse.
	Vignemcourt	P.	Vignemcourt	II.	Idem	Idem	....	2	+	»	1	»	»	»	....	A. M. 6 octobre 1869	»	18,000 bouteilles ont été expédiées en 1877.
Moingt	De Moingt	C.	La Roumaine	II.	Idem	Idem	13	1,4	+	+	1	»	»	»	....	A. M. 24 mai 1869	»	100,000 bouteilles ont été expédiées en 1877 (eau minérale, eau gazeuse et limonade).
	De l'Hôpital	P.	L'Hôpital	I.	Sulfureuses alcalines	Idem	....	....	+	+	1	»	»	»	....		»	
Pelussin	Auges	P.	Auges (2 sources)	III.	Ferrugineuse crénatées	Granite blanc	13	0,8	+	»	2	»	»	»	50	A. M. 27 avril 1876	»	Eau buvette de passage et 18,000 bouteilles expédiées en 1878.
Cordelle		P.	De Cordelle	II.	Bicarbonatées sodiques gazeuses	Porphyre quartzifère	....	8,3	+	»	1	»	»	»	....	A. M. 29 août 1865	»	Eau très peu utilisée.
Charlieu		P.	Rabi	III.	Ferrugineuses	Terrain d'alluvion	....	....	+	»	1	»	»	»	....	A. M. 23 avril 1870	»	Idem.
Saint-Priest-la-Roche	Saint-Priest-la-Roche	P.	De Saint-Priest	II.	Bicarbonatées sodiques gazeuses	Contact du porphyre quartzifère et des grès anthraxifères	....	8,9	+	+	1	4	»	»	150	....	»	11,000 bouteilles ont été expédiées en 1877.
Saint-Romain-le-Puy		P.	Saint-Romain (2 sources)	II.	Idem	Contact du basalte et du terrain tertiaire	14,5	2,1	+	»	»	»	»	»	....	A. M. 30 Mars 1859	»	Ces sources sont inexploitées; elles ont été achetées par la société Badoit pour empêcher la concurrence.
Origny		P.	D'Origny et de Chazord	II.	Alcalines et sulfureuses	Terrain tertiaire et alluvions récentes	15	16,7	+	+	»	9	»	»	....	A. M. 23 juin 1896	»	Source inexploitée depuis 1878.
Roanne		P.	N° 1	I.	Sulfureuses ferrugineuses crénatées	Terrain d'alluvion	....	....	+	»	»	»	»	»	....	A. M. 9 juin 1838	»	Les sources sont chaudronnées depuis longtemps.
			N° 2	I.	Idem	Idem	....	....	+	»	»	»	»	»	....	Idem	»	
Montbrison		C.	Footfort	II.	Bicarbonatées sodiques gazeuses ferrugineuses	Granite	13	0,8	+	»	»	»	»	»	....	A. M. 12 décembre 1878	»	Source inexploitée.
Montrond	Montrond	P.	Monrond	II.	Bicarbonatées sodiques gazeuses	Sources rencontrées à divers étages par suite de sondages effectués à la recherche du terrain houiller sous la formation tertiaire de la plaine du Forez	27,5	260	+	»	»	»	»	»	.	....	»	Cette source va être captée pour l'embouteillage. Les trois nappes d'eau rencontrées sont respectivement à 125 mètres, 260 mètres et 475 mètres de profondeur.
			Totaux.					1,117,6	....	....	38	05	1	1,513	1,400	....	»	Nota. Le département renferme, en outre, d'autres sources minérales, non autorisées et non utilisées, notamment à Crémeaux, Juré, Verrière, Sail-en-Bourg et Feurs.
LOIRE (HAUTE-).																		
Prades	Manton	P.	La Souveraine	II.	Alcalines	Terrain primitif (gneiss)	15	3,5	+	»	2	»	»	»	....	A. M. 27 mars 1878	»	
		P.	Lorjaillier	II.	Idem	Terrain primitif (granite porphyroïde)	15	0,5	+	»		»	»	»	....	A. M. 22 octobre 1880	»	
Bas		P.	Mautour	III.	Ferrugineuses	Terrain primitif (granite)	....	2,4	+	»	1	»	»	»	....	A. M. 2 novembre 1893	»	
Beaulieu		P.	Serville	II.	Alcalines	Terrain primitif (granite sous le lit de la Loire)	....	2,7	+	»	1	»	»	»	....	A. M. 3 mars 1856	»	
Saint-Martin-de-Fugères	Roannefont		Saint-Martin	III.	Bicarbonatées ferrugineuses	Terrain gneissique	15	8,7	+	»	2	»	»	»	....		»	Eaux peu fréquentées.
			Les Boulères	III.	Idem	Idem	16	2	+	»		»	»	»	....		»	Idem.
Vézézoux		P.	La Sary	II.	Alcalines gazeuses	Terrain de gneiss	12	3,5	+	»		»	»	»	....		»	Idem.
Langeac		P.	Brageleux	III.	Ferrugineuses	Terrain primitif (granite)	....	....	+	»	1	»	»	»	....		»	
			Totaux.					23,3	....	....	8	»	»	»	....	....	»	

(Colonne 1. * : Communes où résident des malades inexporteurs. — Col. 3. Sources appartenant au domaine de l'État : E. ; aux départements : D. ; aux communes : C. ; aux particuliers : P. — Col. 17. A M. : autorisation ministérielle, D. U. : décret d'utilité publique, D. P. : décret fixant le périmètre de protection — Les sources non exploitées sont indiquées en italiques.)

Statistique détaillée des sources minérales exploitées ou autorisées en France et en Algérie, au 1er juillet 1882.

NOMS des départements et des communes (1)	NOMS des établissements ou des propriétaires (2)	Signature du propriétaire (3)	NOMS des sources (4)	Classe (5)	Désignation — nature des eaux (6)	Situation géologique des couches par lesquelles les sources arrivent au jour (7)	Température en degrés centigrades (8)	Débit noté par minute (litres) (9)	Usage des eaux — interne (10)	externe (11)	Nombre des sources exploitées (12)	Nombre des baigneurs (13)	des buveurs (14)	(15)	(16)	Dates des actes administratifs (17)	Époque de promotion (18)	Observations (19)
LOIRE-INFÉRIEURE.																		
La Plaine		E.	Préfailles	III.	Ferrugineuse	Gneiss et schistes talqueux renfermant du mispickel, du fer sulfuré et du fer oligiste	15	5	+	»	1	»	»	»		A. M. 12 janvier 1867	»	La source de Préfailles [illegible]
LOIRET.																		
Pithiviers-le-Vieil	L'Abbé Gousse	P.	Fontaine de Segrais	III.	Ferrugineuse	Calcaire de la Beauce	8	50	+	»	»	»	»	»		A. M. 21 janvier 1879	»	Cette source n'est pas exploitée.
LOT.																		
Urs	Bio	P.	Lagarde (2 sources)	IV.	Sulfatées calciques	Terrains tertiaires	15	2	+	»	2	»	»	»	500	A. M. 17 février 1866	»	Il existe, en outre, dans le département d'autres sources minérales [illegible] dans les communes de [illegible]
* Miers	Miers	P.	Miers	IV.	Sulfatées sodiques	Lias supérieur		100	+	»	1	»	»	500			»	
Gramat	Gramat	P.	Gramat	III.	Ferrugineuses bicarbonatées	Idem			+	»	1	»	»	»	200		»	
			TOTAUX					102			4	»	»	500	700		»	
LOT-ET-GARONNE.																		
Casteljaloux		P.	La Plate-Forme	II.	Bicarbonatées sodiques iodées et ferrugineuses carboniques	Pour arriver à leur orifice, ces sources traversent une couche tourbeuse reposant sur un sol sableux des Landes et se montrant d'un sol de même nature	14,5	50	+	»	2	11	»	»	* 30	A. M. 10 avril 1839	»	* Ce nombre s'applique aux étrangers, mais les eaux de ces sources sont principalement utilisées par les habitants du pays.
			Leradon	II.			14,5		+	+						A. M. 2 juin 1852	»	
LOZÈRE.																		
* Bagnols	Bagnols-les-Bains	P.	Ancienne	L.	Sulfureuses sodiques	Schistes lustrés chargés de quartz	51	113	+	+						D. C. 23 novembre 1839	2 50 00	
			Nouvelle	L.	Idem	Idem	51	10	+	+	1	24	6	810		D. P. 25 août 1863		
			Sulfureuse douce	L.	Sulfureuses sodiques et un peu ferrugineuses	Idem	30	4	+	+						Idem		
			Ferrugineuse douce	L.	Idem	Idem	30	5	+	+						Idem		
Biou	La Chaldette	P.	La Chaldette	II.	Bicarbonatées sodiques et calciques	Granite altéré	35		+	+	1	22	»	»	400		»	Utilité locale.
Quézac	Peyre	P.	Quézac	II.	Idem	Calcaire du lias	13	6	+	»	1	»	»	»			»	
Les Laubies	Le Masel	P.	Fontaines Hautes (4 sources)	III.	Ferrugineuses	Granite	14	9	+	»		»	»	»			»	
			Fontaines Basses (5 sources)	III.	Idem	Idem	11	180	+	»	0						»	
Saint-Aman	Le Roux	P.	Bonne Fontaine	III.	Alcalines, légèrement ferrugineuses	Idem	11	0,3	+	»	1	»	»	»			»	
			TOTAUX					350,3			10	46	6	810	400		2 50 00	
MAINE-ET-LOIRE.																		
Martigné-Briand	Jeannette	C.	Ferrugineuse	III.	Ferrugineuses	Grès schisteux ouillacifères	10	3,5	+	+							»	La 1re source est très légèrement sulfureuse. L'établissement de Jeannette est exploité depuis près d'un siècle [illegible]
			Idem	III.	Idem	Idem	10	3,5	+	+							»	
			Idem	III.	Idem	Idem	10	1,0	+	+	4	14	»	»	300		»	
			Sulfureuse	I.	Sulfureuses ferrugineuses oolitiques	Idem	15	1,5	+	+							»	
Thouarcé	Le Prieuré	P.	Le Bagottier	III.	Ferrugineuses	Idem	10	2,5	+	+	2	6	»	»	100	A. M. 23 septembre 1872	»	
			Petite source	III.	Idem	Idem	10	0,6	+	+							»	
			TOTAUX					12,1			6	20	»	»	400		»	

Statistique détaillée des sources minérales exploitées ou autorisées en France et en Algérie, au 1er juillet 1882.

NOMS des départements et des communes (1)	NOMS des établissements ou des propriétaires (2)	Désignation du propriétaire (3)	NOMS des sources (4)	Classe (5)	NATURE DES EAUX — Dénomination (6)	SITUATION GÉOLOGIQUE des nappes par lesquelles les sources arrivent au jour (7)	TEMPÉRATURE en grands centigrades (8)	DÉBIT moyen par minute, litres (9)	USAGE DES EAUX — Interne (10)	USAGE DES EAUX — Externe (11)	NOMBRE des sources exploitées (12)	NOMBRE des bains communes (13)	des bains capiteux (14)	NOMBRE DES MALADES en 1881 — Déclaré (15)	Évalué (16)	DATES des actes administratifs (17)	ÉTENDUE du périmètre de protection (18)	OBSERVATIONS (19)
MARNE. * Sermaize	Sermaize	C.	Fontaine des Sarrasins,	III.	Calcaires, magnésiennes et ferrugineuses	Formation néocomienne	11	24	÷	÷	1	30	"	523	—	A. M. 2 avril 1852 / D. U. 2 octobre 1865	"	
MARNE (HAUTE-).			Sondage n° 1	IV.	Chlorurées sodiques	Argiles bariolées de l'étage supérieur du grès bigarré	36	17,6	+	+						D. U.; D. P. 4 février 1860		
			n° 8	IV.	Idem	Idem	42	42,8	+	+						Idem		
			n° 9	IV.	Idem	Idem	44	14,7	+	+						Idem		
			n° 10	IV.	Idem	Idem	65	78,5	+	+						Idem		
	Bourbonne	E.	n° 11	IV.	Idem	Idem	60	20,0	+	+	9	95	8	1,650	700	Idem	20 30 00	L'établissement civil contient 59 baignoires et 8 piscines; il a été fréquenté en 1881 par 1,636 baigneurs. L'établissement militaire comprend 26 baignoires et 2 piscines; il a été fréquenté par 700 militaires environ.
* Bourbonne			n° 12	IV.	Idem	Idem	64,5	38,7	+	+						Idem		
			n° 13	IV.	Idem	Idem	65,5	80	+	+						Idem		
			Ancienne source militaire n° 2	IV.	Idem	Idem	37	5,5	+	+						Idem		
			Source des thermes romaines	IV.	Idem	Idem	60	10,4	+	÷						Idem		
		P.	Maynard	IV.	Sulfatées calciques et carbonatées magnésiennes	Marnes du Muschelkalk	13,2	4	÷	"	1	"	"	"		A. M. 8 février 1860	"	Cette source est incomplètement captée.
Saint-Dizier		C.	Fontaine Marine	III.	Ferrugineuses	Grès du néocomien supérieur	9,5	1,1	+	"		"	"	"		A. M. 14 mars 1860	"	
			Source Marine	III.	Sulfatées sodiques ferrugineuses	Idem	10	0,7	÷	"	3	"	"	"			"	Ces sources sont plus ou moins bien captées; les eaux en sont utilisées en été par les habitants de la ville.
			Fontaine des Franchis	III.	Sulfatées magnésiennes ferrugineuses	Idem	10	4	+	"		"	"	"			"	
La Rivière		C.	La Rivière	III.	Sulfatées calciques ferrugineuses	Muschelkalk	11	90	÷	"	1	"	"	"			"	Les médecins ordonnent quelquefois l'usage de cette eau en baignoire de Bourbonne.
Ouancourt		C.	Ottancourt	III.	Sulfatées magnésiennes et calciques ferrugineuses	Grès du néocomien inférieur	11	390	÷	"	1	"	"	"			"	Source fréquentée, en été, surtout par les habitants de Vouy.
Bettancourt		P.	Pisodru	III.	Sulfatées calciques ferrugineuses	Grès du néocomien supérieur	13	1,2	+	"	1	"	"	"			"	Source visitée par les habitants des environs, ancien comme but de promenade.
Louvemont		P.	Marouste	III.	Idem	Idem	11	1	+	"	1	"	"	"			"	Source peu fréquentée aujourd'hui.
Essey-les-Eaux		C.	Fontaine Ste-Barbe	III.	Ferrugineuses	Minerai oolithique du lias supérieur	11	10	+	"	1	"	"	"			"	Idem.
TOTAUX								804,2	....	....	13	95	8	1,650	700		20 30 00	
MAYENNE. Château-Gonthier		P.	Pougues rouillée	III.	Ferrugineuses	Fissures dans le schiste silurien	12	1,2	+	"	1	"	"	"		A. M. 5 août 1860	"	La source est située dans un établissement de bains ordinaires. On en employait autrefois l'eau pour bains après mélange avec de l'eau ordinaire; mais à présent elle ne sert plus guère qu'à la boisson. Le département renferme d'autres sources ferrugineuses, peu employées et non autorisées, notamment à Bourgneuf-la-Forêt, Niort, Grazay, etc.
NIÈVRE. * Saint-Honoré	Saint-Honoré	P.	La Crevasse	I.	Sulfurées sodiques	Limite des porphyres rouges quartzifères et des calcaires liasiques métamorphiques	30	60	+	÷	2	30	"	1.167	—	D. U. 28 avril 1860	"	
			Les Renains	I.	Idem	Idem	29		+	÷						Idem	"	
			Saint-Léger	IV.	Bicarbonatées calciques ferrugineuses	Terrain jurassique	12	6,9	+	+						Lettres patentes de 1650; D. U. 4 août 1860	"	
* Pougues	Pougues	P.	Le Pré des Dames	IV.	Bicarbonatées calciques	Idem	11	3	+	"	3	25	"	1,530	—	A. M. 5 août 1867	"	
			Le Docteur ou St-Maurice	IV.	Idem	Idem	14	7	+	"						L. M. 29 avril 1879	"	
			Mimot	IV.	Bicarbonatées calciques gazeuses	Idem	13	2,8	+	"						A. M. 2 décembre 1863	"	
Fourchambault		P.	Montopat	IV.	Idem	Idem	14	2,5	+	"	2	"	"	"		A. M. 14 septembre 1851	"	
TOTAUX								80,2	....	....	7	55	"	2,697	.....		"	

Statistique détaillée des sources minérales exploitées ou autorisées en France et en Algérie, au 1er juillet 1882.

NOMS des départements et des communes	NOMS des établissements ou des propriétaires	Désignation de propriété	NOMS des sources	CLASSE	NATURE DES EAUX (dénomination)	SITUATION GÉOLOGIQUE des terrains par lesquels les sources arrivent au jour	TEMPÉRATURE (degrés)	DÉBIT par minute (litres)	USAGE en boisson	USAGE en bains	NOMBRE des sources exploitées	NOMBRE des baigneurs	NOMBRE des buveurs	NOMBRE DES VERRES en 1881 — Débité	Vendu	DATES des actes administratifs	ÉTENDUE du périmètre de protection (hect. a. c.)	OBSERVATIONS
NORD																		
* Saint-Amand	Saint-Amand	D.	L'Évêque d'Arras	I.	Sulfureuses (sulfitées calcaires)	Sable du terrain dévonien inférieur	23	33	+	»							»	
			Le Pavillon Ruhé	I.	Idem	Idem	23	33	»	+							»	
			La Vieille Chapelle	I.	Idem	Idem	23	100	»	+	5	84	»	120			»	
			La Fontaine Bouillon	IV.	Salines	Idem	23	233	»	+							»	
			Les Boues	I.	Boues sulfureuses	Idem	24	...	»	+							»	
			Totaux					309	...	...	5	84	»	120			»	
OISE																		
* Pierrefonds	Pierrelouis	P.	Emma	I.	Sulfurées calciques ferrugineuses	Alluvions	10	...	+	»	1	24	»	350		A. M. 2 septembre 1856	»	Débit mesuré, pas d'exploitants à ce sujet.
Fontaine-Bonneleau	La Commune	C.	Lapostolle	III.	Ferrugineuses crénatées	Idem	9		+	»						A. M. 30 septembre 1845	»	
			Vallot	III.	Idem	Idem	9	300	+	»	3	»	»	»		Idem	»	
			Lavernot	III.	Idem	Idem	9		+	»						Idem	»	
			Totaux					300	»	»	4	21	»	350			»	
ORNE																		
* Couterne	Bagnoles-de-l'Orne	P.	Source chaude	I.	Sulfurées sodiques et silicatées	Cassures profondes dans le grès silurien fluc-idés	25	270	+	+	2	36	1	»	900		»	
			Source froide	III.	Ferrugineuses	Idem	13	...	+	»							»	La débit de cette source est très faible.
			Totaux					276	»	»	2	38	»	»	900		»	
PAS-DE-CALAIS																		
Meurchin	Compagnie des mines de houille de Meurchin	P.	Non dénommée	I.	Sulfureuse	Terrain houiller	48	1,100	+	»	»	»	»	»		A. M. 28 mars 1879	»	La source jaillit à 110 mètres de profondeur, au fond du puits d'extraction n° 2. À sa sortie, l'eau, refroidie par le soufflage, n'a plus qu'une température de 13 degrés.
* Givenchy-lès-la-Bassée		P.	Battel	III.	Ferrugineuses	Idem	18	...	+	»	»	»	»	»			»	Les eaux n'arrivent plus à la surface du sol; dans l'origine elles jaillissaient à quelques mètres de hauteur. Demande d'autorisation en instance.
PUY-DE-DÔME																		
* La Bourboule	La Bourboule	P.	Sources de Fenestre 1 et 2	II.	Alcalines chloro-arsenicales	Terrain primitif (granite et tuf)	21		+	+						A. M. 19 juin 1878; D. U., D. P. 30 ... 1881		
		P.	Puits Central	II.	Idem	Idem	40		+	+						A. M. 1er sept. 1882; D. U., D. P. 30 mars 1881		
			Puits Choussy	II.	Idem	Idem	54	550	+	+	7	138	»	5,000		A. M. 6 avril 1882; D. U., D. P. 30 mars 1881	17 52 00	
			Puits Perrière	II.	Idem	Idem	60		+	+						A. M. 19 juin 1878; D. U., D. P. 30 mars 1881		
		C.	Puits Sédaigne	II.	Idem	Idem	56		+	+						Idem		
			Puits de la Plage	II.	Idem	Idem	37		+	+						Idem		
* Royat	Royat	C.	Eugénie	II.	Chloro-bicarbonatées fortes	Terrain tertiaire (arkose)	35	250	+	+	2	93	1	3,050		A. M. 13 décembre 18..; D. C. 6 décembre 1862; D. P. 28 février 1880	28 75 00	
		P.	César	II.	Idem	Idem	36	93	+	+						A. M. 11 décembre 1878	»	

Statistique détaillée des sources minérales exploitées ou autorisées en France et en Algérie, au 1er juillet 1882.

NOMS des départements et des communes (1)	NOMS des établissements ou des propriétaires (2)	Dénomination du propriétaire (3)	NOMS des sources (4)	Classe (5)	NATURE DES EAUX — Dénomination (6)	SITUATION GÉOLOGIQUE des couches par lesquelles les sources arrivent au jour (7)	Température en degrés centigrades (8)	Débit moyen par minute, litres (9)	Usage des eaux — Interne (10)	Usage des eaux — Externe (11)	Nombre des sources exploitées (12)	Nombre des bains (13)	Nombre des piscines (14)	Malades 1881 — Déclaré (15)	Réel (16)	Dates des actes administratifs (17)	Étendue du périmètre de protection, hect. a. c. (18)	Observations (19)
* Mont-Dore	Mont-Dore	D.	Bertrand	II	Arsenicales simples	Dykes basaltiques	45	100	»	+						D. U. 6 décembre 1862 / D. P. 11 août 1875		
			Boyer	II	Idem	Idem	43	90	»	+						Idem		
			Pigeon	II	Idem	Idem	38	45	»	+						Idem		
			Le Pavillon ou Saint-Jean	II	Idem	Idem	44	38	»	+	8	86	2	4,049	—	Idem	32 00 00	L'établissement renferme, en outre, huit salles d'inhalation, deux salles de pulvérisation et vingt-quatre cabinets de douches.
			César	II	Idem	Idem	43	34	»	+						Idem		
			Raymond	II	Idem	Idem	42,4	13	»	+						Idem		
			Rigny	II	Idem	Idem	43,3	12	»	+						Idem		
			Sainte-Marguerite	II	Idem	Idem	10,5	90	»	+						Idem		
* Châteauneuf	Société Viple	C.	Chambon-la-Garenne	II	Chloro-bicarbonatées moyennes	Contact des roches granitiques avec des roches porphyriques	18,5	.....	+	»						A. M. 23 août 1866	»	Le débit de cette source est très faible.
			Devaix	II	Idem	Idem	16	2	+	»							»	
			Les Grands-Rochers	II	Idem	Idem	19	30	+	»							»	
			Marguerite	II	Idem	Idem	19	30	+	»							»	
			Pyramide	II	Idem	Idem	20	1	+	»							»	
			Les Grands Bains chauds	II	Idem	Idem	33	3	+	»							»	
			Saint-Cyr	II	Idem	Idem	11	4	+	»							»	
			Mérita	II	Idem	Idem	18	.....	+	»							»	
			Fontaine du Petit-Moulin	II	Idem	Idem	15,7	2	+	»							»	
			De Champfleury	II	Idem	Idem	16	2	+	»	22	6	11	800	—	A. M. 6 juin 1837	»	L'établissement possède, en outre, quelques appareils à douches.
		P.	Salmouse	II	Idem	Idem	16	1,5	+	»							»	
			Chaponier	II	Idem	Idem	35,A	10	+	»							»	
			Fontaine du Petit-Rocher	II	Idem	Idem	21,5	6	+	»							»	
			Morny	II	Idem	Idem	17,5	30	+	»							»	
			Bain chaud	II	Idem	Idem	36,0	160	»	+							»	
			— Auguste	II	Idem	Idem	32	2	»	+							»	
			— Julie	II	Idem	Idem	39	30	»	+							»	
			— tempéré	II	Idem	Idem	35	100	»	+							»	
			— de la Chapelle	II	Idem	Idem	36	100	»	+							»	
			— du Petit-Rocher	II	Idem	Idem	28,2	80	»	+							»	
			Marie-Louise	II	Idem	Idem	34,4	90	»	+							»	
			La Rotonde	II	Idem	Idem	29	90	»	+							»	
Arles	Besse	V.	Chabretout	III	Ferrugineuses et bicarbonatées	Terrain primitif (granite)	14	44	+	+	1	12	»	»	»	A. M. 13 mars 1837	»	
Beauregard-Vendon	Rouzat	P.	Grand Puits	II	Chloro-bicarbonatées moyennes	Terrain tertiaire (arkose)	30	203	+	+						A. M. 6 juillet 1846	»	
			Les Vignes	II	Idem	Idem	16	3,4	+	+	2	10	2	»	»	A. M. 20 mars 1882	»	
Chateldon	La Montagne	P.	Andral (1er puits)	IV	Salines bicarbonatées calciques	Terrain primitif (granite)	10	.....	+	»						A. M. 16 juin 1869	»	
			Andral (2e puits)	IV	Idem	Idem	10	1,1	÷	»	3	»	»	»	»	Idem	»	
			Le Mont-Carmel	IV	Idem	Idem	10	.....	+	»						Idem	»	
Courpière	Ligot	P.	Saït	II	Bicarbonatées sodiques	Idem	13,8	19,3	+	»	1	»	»	»	»	A. M. 19 avril 1842	»	
Saint-Ours	Comte de Langhac	P.	Châteaufort	II	Chloro-bicarbonatées moyennes	Terrain primitif (gneiss)	10	2	+	»	1	»	»	»	»	A. M. 31 août 1863	»	
* Saint-Nectaire	Saint-Nectaire	P.	Le Mont-Cornadore	II	Chloro-bicarbonatées fortes	Terrain primitif (granite)	4,1	50	»	+						A. M. 2 décembre 1826	»	
			Source intermittente	II	Idem	Idem	20	3	+	»	4	3	»	»	1,250	A. M. 26 juin 1877	»	
			Petite source rouge	II	Idem	Idem	18	6	+	»						Idem	»	
			Le Parc	II	Idem	Idem	19	5	+	»						Idem	»	

*(Colonne 1. * : Communes où résident des médecins inspecteurs. — Col. 3. Sources appartenant au Domaine de l'État : E. ; aux départements : D. ; aux communes : C. ; aux particuliers : P. — Col. 17. A. M. : autorisation ministérielle ; D. U. : décret d'utilité publique ; D. P. : décret fixant le périmètre de protection. — Les sources non exploitées sont indiquées en italiques.)*

Statistique détaillée des sources minérales exploitées ou autorisées en France et en Algérie, au 1er juillet 1882.

NOMS DES DÉPARTEMENTS et des communes (1)	NOMS DES ÉTABLISSEMENTS ou des propriétaires (2)	DÉSIGNATION du propriétaire (3)	NOMS DES SOURCES (4)	NATURE DES EAUX (5)	NATURE DES EAUX — DÉSIGNATION (6)	SITUATION GÉOLOGIQUE des orifices par lesquels les sources arrivent au jour (7)	TEMPÉRATURE en degrés centigrades (8)	DÉBIT noté par minute (litres) (9)	USAGE DES EAUX — Interne (10)	USAGE DES EAUX — Externe (11)	NOMBRE des sources exploitables (12)	NOMBRE des baignoires (13)	NOMBRE des piscines (14)	NOMBRE DES MALADES en 1881 — Déclaré (15)	NOMBRE DES MALADES en 1881 — Exclud. (16)	DATES des actes administratifs (17)	ÉTENDUE du périmètre de protection — hect. a. c. (18)	OBSERVATIONS (19)
Chamalières	Compagnie des eaux de Royat	P.	Saint-Mart	II.	Chloro-bicarbonatées fortes	Terrain tertiaire (calcaire marneux)	31	52	+	»	2	»	»	»		A. M. 23 juin 1877	»	
			Saint-Victor	II.	Idem	Idem	23	13	+	»		»	»	»		Idem	»	
	Amjour	P.	Les Roches de Beaurepaire	II.	Idem	Idem	19,5	50	+	»	1	»	»	»		A. M. 31 août 1855	»	
	Fonteix	P.	Fonteix	II.	Idem	Idem	17,5	6,6	+	»	1	»	»	»		A. M. 8 septembre 1880	»	
		P.	Marie-Louise	II.	Idem	Sables et graviers d'alluvion	17	22,8	+	»	2	»	»	»		A. M. 14 juin 1880	»	
			Le Moulin-Poisson	II.	Bitumineuses et gazeuses	Arkose	13	17,3	+	»							»	Une demande d'autorisation est en instance.
*Châtelguyon	Société des eaux minérales de Châtelguyon	P.	Duval	II.	Chloro-bicarbonatées magnésiennes et sodiques	Granite	34,5	48	+	+							»	
			Duclout	II.	Idem	Idem	37	275	+	+							»	
			Le Gouffre	II.	Idem	Idem	34,5	10,8	+	+							»	
			Sardou	II.	Idem	Idem	35	9,5	+	+							»	
			Rollin	II.	Idem	Idem	31	5,4	+	+							»	
			Auduy	II.	Idem	Idem	24	4,8	+	+							»	
			Gubler	II.	Idem	Idem	32	120,5	+	+	14						»	
			Baraduc	II.	Idem	Idem	31	11,4	+	+							»	
			Le Réservoir	II.	Idem	Idem	21	4	+	+		40	4	1,100	—		»	Des autorisations sont demandées pour l'exploitation des sources de Châtelguyon.
			Sojinet	II.	Idem	Idem	24	4,5	+	+							»	
			Le Gargouilloux	II.	Idem	Idem	17	5,2	+	+							»	
			Lefort	II.	Idem	Idem	23	5,5	+	+							»	
			Chevallier	II.	Idem	Idem	25	5	+	+							»	
			Bresson	II.	Idem	Idem	20	4,3	+	+							»	
	Grande Compagnie des eaux thermales de Châtelguyon	P.	Henri au Grande-Source	II.	Idem	Idem	31,5	56,3	+	+							»	
			Romaine	II.	Idem	Idem	24	7,8	+	+	3						»	
			Henriette et Marguerite	II.	Idem	Idem	31,5	53	+	+							»	
Clermont-Ferrand		P.	Loiselet	III.	Ferrugineuses	Travertin tertiaire	8,7	9,0	+	»	1	»	»	»			»	Une autorisation est demandée pour l'exploitation de cette source.
		P.	Les Salins	II.	Chloro-bicarbonatées	Terrain tertiaire	20	150	+	»	1	»	»	»			»	Idem.
		P.	Les Roches	III.	Ferrugineuses	Idem		3,9	+	»	1	»	»	»			»	
		P.	Saint-Alyre	III.	Calcaires et ferrugineuses	Idem			+	+	1	30	»	»			»	
Bromont-Lamothe	Comte de Pontgibaud	P.	De Javelle	II.	Chloro-bicarbonatées légères	Terrain primitif (gneiss)	12	60	+	»	1	»	»	»		A. M. 31 août 1883	»	
Grandrif		P.	De Grandrif	II.	Carboniques	Idem	10	2	+	»	1	»	»	»		A. M. 16 février 1854	»	
St-Priest-des-Champs		P.	Le Pont-de-Sauvanet	III.	Ferrugineuses bicarbonatées	Terrain primitif (granite)	8	1	+	»	1	»	»	»		A. M. 11 mars 1865	»	
Saint-Diéry	Suias	P.	Boulaigue	II.	Bicarbonatées moyennes	Terrain éruptif (basalte)	14	4	+	»	1	»	»	»		A. M. 15 avril 1872	»	
Coudes		P.	Le Saur	II.	Chloro-bicarbonatées moyennes	Terrain primitif (granite)	13	14	+	»	1	»	»	»		A. M. 1er mars 1860	»	
Sauxillanges	Lundy	P.	La Réveille	II.	Carbonatées sodiques	Terrain primitif (gneiss)	19	16	+	»	1	»	»	»		A. M. 16 juillet 1882	»	
Saint-Floret	Pont-Savade	P.	Non dénommées (2 sources)	III.	Ferrugineuses et bicarbonatées	Terrain primitif (granite)	14	3,3	+	»	2	»	»	»			»	Une demande d'autorisation est en instance pour l'une des sources.
Saint-Maurice	Sainte-Marguerite ou Vic-le-Comte	P.	Non dénommées (3 sources)	II.	Chloro-bicarbonatées fortes	Idem	38		+	+	6	»	1	»			»	
			Non dénommées (3 sources)	II.	Idem	Idem	11		+	»							»	
Prompsat		P.	Chantelore	II.	Chloro-bicarbonatées moyennes	Idem	15	4	+	»	1	»	»	»			»	Une autorisation est demandée pour l'exploitation de cette source.
Gandeygrol		P.	Le Mont-Rognon	III.	Ferrugineuses	Idem	12	16,5	+	»	1	»	»	»			»	Idem.
Médague		P.	Non dénommées (3 sources principales)	II.	Chloro-bicarbonatées fortes	Alluvions de l'Allier		100	+	»	»	»	»	»			»	Trois sources principales jaillissent du lit d'inondation de l'Allier.
TOTAUX.								3,373,6	»	»	94	438	21	17,339	1,280		78 30 00	

Nota. Le département renferme un certain nombre d'autres sources minérales, non autorisées, qui paraissent sans importance, telles que celles de Saint-Myon, de Sauvier, d'Enval, de Ternes, d'Ardent, etc.

(Colonne 3. : Commune où résident les médecins inspecteurs. — Col. 3. Sources appartenant au domaine de l'État : T.; aux départements : D.; aux communes : C.; aux Particuliers : P. — Col. 17. 4. 33. : autorisation ministérielle; D. U. : décret d'utilité publique; D. P. : décret fixant le périmètre de protection. — Les sources non exploitées sont indiquées en italique.)

Statistique détaillée des sources minérales exploitées ou autorisées en France et en Algérie, au 1er juillet 1882.

NOMS des départements et des communes (1)	NOMS des établissements ou des propriétaires (2)	DÉSIGNATION du propriétaire (3)	NOMS DES SOURCES (4)	NATURE DES EAUX — CLASSE (5)	NATURE DES EAUX — DÉSIGNATION (6)	SITUATION GÉOLOGIQUE des orifices par lesquels les sources arrivent au jour (7)	TEMPÉRATURE naturelle en degrés centigrades (8)	DÉBIT moyen par minute — litres (9)	USAGE DES EAUX — Interne (10)	USAGE DES EAUX — Externe (11)	NOMBRE des journées exploitées (12)	NOMBRE des baigneurs (13)	NOMBRE des buveurs (14)	NOMBRE des bains en 1881 — Déclaré (15)	NOMBRE des bains en 1881 — Évalué (16)	DATES des actes administratifs (17)	ÉTENDUE du périmètre de protection (18)	OBSERVATIONS (19)
PYRÉNÉES (Basses).																	hect. a. c.	
* SALIES-EN-BÉARN	Salies-en-Béarn	P.	Fontaine salée ou Bayard	IV.	Chlorurées sodiques	Terrain salifère	15	31,2	»	+	2	40	«	1,204		A. M. 27 avril 1857	»	La fontaine de Salies a été l'objet d'une concession d'eau salée, en date du 29 juin 18?3.
			Carbalade	IV.	Salines bicarbonatées chlorurées	Terrain crétacé supérieur	14	55,5	+	+						A. M. 2e avril 1876	»	
* EAUX-BONNES	Eaux-Bonnes	C.	Source vieille	I.	Sulfureuses sodiques	Terrain de transition, dévonien (roches calcaires)	32,7	6,6	+	+						A. M. 1er septembre 1880	»	
			Source neuve	I.	Idem	Idem	99,5	3,7	»	+						Idem	»	
			Ortaig	I.	Idem	Idem	21,5	14	+	+						Idem	»	
			Source d'en bas	I.	Idem	Idem	30	5,3	»	+						Idem	»	
			— froide	I.	Idem	Idem	12,8	6	+	+	0	20	«	2,003		Idem	»	
			— supérieure	I.	Idem	Idem	28,2	1	»	+						Idem	»	
			— inférieure	I.	Idem	Idem	30,5	11	«	+						Idem	»	
			— du Promenoir	I.	Idem	Idem	28	4,1	«	+						Idem	»	
			— de 1867 (Rocher)	I.	Idem	Idem	12	1,5	»	+						18 septembre 1867	»	
Labeis-Bisraye	....	P.	Sulfureuse	I.	Sulfureuses	Terrain crétacé moyen	10	0,4	+	+	2	8	»	«	200	A. M. 21 juin 1860	»	
			Ferrugineuse	III.	Ferrugineuses	Idem		0,1	+	«						Idem	»	
Ogen-les-Bains	Ogen	P.	Non dénommée	IV.	Salines bicarbonatées chlorurées calciques	Idem (Rocher marneux noir)	22	17,3	+	+	1	8	?	»	250	A. M. 7 décembre 1850	»	
Lescun	....	C.	Labérouat	IV.	Gazeuses arsenicales	Terrain de transition (calcaire fétide)	8,5	20	+	+	1	6	«	»	150	A. M. 21 juin 1860	»	Établissement peu important. Situé à une grande altitude. Eau d'exportation.
Saint-Boès	....	P.	Saint-Boès	I.	Sulfureuses	Terrain crétacé moyen	12	1	+	«	1	«	«	:	»	A. M. 28 avril 1872	»	
* LARUNS	Eaux-Chaudes	C.	Le Clot	I.	Sulfureuses sodiques	Granite syénitique	36,2	16,6	+	+							»	
			l'Esquirette chaude	I.	Idem	Idem	36 ·	20,5	+	+							»	
			l'Esquirette tempérée	I.	Idem	Idem	32	11,7	»	+							»	
			Le Bey	I.	Idem	Idem	34	43	+	+	8	33	1	1,867			»	Une demande en concession est en instance.
			Le Fermier	I.	Idem	Idem	32	3,4	«	+							»	
			Baudot	I.	Idem	Idem	25,5	2	+	+							»	
			Larressec	I.	Idem	Idem	24,3	10	+	«							»	
			Minvielle	I.	Idem	Idem	10,6	1,9	+	»							»	
			Le Pêcheur	I.	Sulfureuses ferro-calcareuses	Terrain crétacé	13,5	0,4	+	«							»	
			Los Arenous	I.	Idem	Idem	13,5	800	+	+							»	
* LUBBE	Saint-Christau	P.	Le Chemin de la Chapelle	I.	Idem	Idem	13,5	......	+	+	5	28	»	260			»	Une demande en autorisation est en instance.
			La Rotonde ou Bassin	I.	Idem	Idem	13	250	+	+							»	
			La Rotonde froide	I.	Idem	Idem	13,5	200	+	+							»	
* CAMBO	Cambô	C.	Sulfureuse	I.	Sulfureuses calciques	Terrain de transition au voisinage de gneiss	22	29,3	+	+	2	13	1	1,563			»	La température de cette source est variable.
			Ferrugineuse	III.	Ferrugineuses	Idem	15,5	......	+	«							»	
		TOTAUX.						1,387,4	.....	.....	31	156	3	7,214	000		»	
PYRÉNÉES (Hautes-).																		
* CAUTERETS	Cauterets	P.	Le Rocher	I.	Sulfurées sodiques	Terrain de transition, Calcaires calschistes	30	70,6	+	+						3. M. 9 avril 1860 D. U. 12 décembre 1866	4 11 54	La source César se voit avec la source de Saint-Sauveur si on particulier.
		C. et P.	César	I.	Idem	Idem	47,8	153,8	+	+						D. C. 21 mars 1863 D. P. 28 août 1881		
			Les Espagnols	I.	Idem	Idem	46,2	59,7	+	+						Idem		
		C.	Pause-Vieux	I.	Idem	Idem	41,3	33,3	+	+						Idem		
			Mahnhousat	I.	Sulfurées silicatées sodiques	Roche granitique	49,5	28,3	+	«								

Statistique détaillée des sources minérales exploitées ou autorisées en France et en Algérie, au 1ᵉʳ juillet 1882.

NOMS DES DÉPARTEMENTS et des communes (1)	NOMS DES ÉTABLISSEMENTS ou des propriétaires (2)	DÉSIGNATION du propriétaire (3)	NOMS DES SOURCES (4)	NATURE DES EAUX — Classe (5)	NATURE DES EAUX — Désignation (6)	SITUATION GÉOLOGIQUE des nappes par lesquels les sources arrivent au jour (7)	TEMPÉRATURE (8)	DÉBIT moyen par minute, litres (9)	USAGE DES EAUX Interne (10)	USAGE DES EAUX Externe (11)	NOMBRE des sources exploitées (12)	NATURE des appareils (13)	NATURE des pompes (14)	NOMBRE DES MALADES en 1881 — Déclaré (15)	NOMBRE DES MALADES en 1881 — Évalué (16)	DATES des actes administratifs (17)	ÉTENDUE du périmètre de protection (18)	OBSERVATIONS (19)
CAUTERETS (Suite.)	Cauterets (suite.)	C.	La Baillère	L.	Sulfureuses silicatées sodiques chlorurées	Schistes de transition	39	80	+	+	10	144	4	15,371	—	D. C. 25 août 1881	»	
			Le Bois	L.	Idem	Idem	43	21	»	+						Idem	»	
			Les Œufs	L.	Sulfurées sodiques	Idem	52	300	+	+						Idem	»	
			Le Pré	L.	Idem	Idem	45	56	»	+						Idem	»	
			Le Petit-St-Sauveur	L.	Idem	Idem	31	82	»	+						Idem	»	
	Le Grand Pré	P.	Non dénommées (3 sources)	IV.	Sulfatées	Alluvions, au voisinage des ophites	37,1		»	+	3	5	»			A. M. 14 mai 1880	»	
				IV.	Crétacées	Idem	29,1	20,8	+	+						Idem	»	
				III.	Ferrugineuses	Idem	43		+	+						Idem	»	
BAGNÈRES-DE-BIGORRE	Barzun	P.	Branlauban	III.	Idem	Idem	15	8	+	»	1	»	»			A. M. 3 septembre 1830	»	Bagnères-de-Bigorre produit en outre six sources, dites Dugrand, Santé, Cachie-Lasors, Périphérique, Lassère et Nouvelle, tarie : à la suite des travaux de captage de la source Nouvelle, dite de la Tour.
	Marie-Thérèse		Salies	III.	Ferrugineuses arsenicales	Idem	50,8	135	+	+							»	
			Dauphin	III.	Idem	Idem	48,2	120	+	+							»	
			Saint-Roch	IV.	Sulfatées calciques	Idem	46,1	6,5	»	+							»	
			Saint-Barthélemy	IV.	Idem	Idem	48,2	13	»	+							»	
		C.	Foulon	IV.	Idem	Idem	36,8	18	»	+	10	37	1				»	
			Jaranpe	IV.	Idem	Idem	34,6	2	+	»							»	
			Les Platanes	IV.	Idem	Idem	39,8	9,3	»	+							»	
			Marie-Thérèse	IV.	Idem	Idem	33,2	8,3	+	+							»	
			La Tour	IV.	Idem	Idem	44	486,1	+	+							»	
		C. et P.	La Reine	IV.	Idem	Idem	46,1	250	+	+				16,607	—		»	
	Lavigne	P.	Lavigne	III	Crénatées ferrugineuses	Idem	15	......	+	»	1	»	»				»	
	Salut		La Montagne	IV.	Sulfatées calciques	Idem	33,5	100	»	+							»	
		P.	L'Intérieur	IV.	Idem	Idem	32,8	125	+	+	3	7	»				»	
			La Pompe	IV.	Idem	Idem	31	54	»	+							»	
	Fontaine-Nouvelle	C.	Fontaine-Nouvelle	IV.	Idem	Idem	37,4	1,5	»	+	1	.....	»				»	
	Versailles	P.	Source chaude	IV.	Idem	Idem	35	12	»	+							»	
			Source tempérée	IV.	Idem	Idem	32,8	7,6	»	+	2	4	»				»	
	Bellevue	P.	Bellevue	IV.	Idem	Idem	46,1	117,2	+	+	1	9	»				»	
	Convert	P.	Non dénommée	IV.	Idem	Idem	50	4,6	»	+	2	8	»				»	
			Non dénommée	IV.	Idem	Idem	46	15,2	»	+							»	
	Théas	P.	Théas	IV.	Idem	Idem	50,8	33,3	»	+	1	5	»				»	
	Mora	P.	Mora	IV.	Idem	Idem	18	0,6	+	+	1	3	»				»	
CAPVERN	Capvern	C.	Hount-Caout	IV.	Idem	Calcaire noir identique, fétide au choc, du crétacé inférieur	24,2	1,210	+	+	2	54	»	2,582	—		»	
			Bouridé	IV.	Idem	Conglomérat superposé aux terrains aqueux et alluvien	22,2	420	+	+							»	
BARÈGES	Barèges		La Chapelle ou Genny	I.	Sulfureuses sodiques	Calcaires de transition	33	5,6	+	+						A. M. 23 mars 1839	»	On désigne sous le nom de terrain de Tap une série de boue glaciaire durcie par le passage de l'eau minérale.
			Daisten	I.	Idem	Idem	35	8,1	+	+						Idem	»	
			Le Tambour	I.	Idem	Contact du terrain de Tap avec le terrain de transition	43	31	+	+							»	
			Polard	I.	Idem	Idem	37	22	+	+							»	
		C.	Le Bain-Neuf	I.	Idem	Idem	38	5,5	+	+	10	33	4	3,604	—		»	
			Lenvois	I.	Idem	Idem	26	5,5	+	+							»	
			Ramond	I.	Idem	Idem	34	3,5	+	+							»	
			Saint-Roch	I.	Idem	Idem	33	3,3	+	+							»	
			Entrée	I.	Idem	Idem	41	13	+	+							»	
			Nouvelle	I.	Idem	Idem	30	19	+	+							»	
LUZ SAINT-SAUVEUR	Saint-Sauveur	P.	Houtalade	I.	Sulfureuses	Schistes et calschistes de transition	29	12,7	+	+	2	35	1	827	—	A. M. 2 mars 1859	»	
		C.	Saint-Sauveur	I.	Idem	Idem	34	101	+	+							»	

OBSERVATIONS.

(Colonne 1ʳᵉ : Communes où résident des médecins inspecteurs. — Col. 2, Sources appartenant au domaine de l'État : E. ; aux départements : D. ; aux communes : C. ; aux particuliers : P. — Col. 17. A. M. ; autorisation ministérielle ; D. U. ; décret d'utilité publique ; D. P. ; décret fixant le périmètre de protection. Les sources non exploitées sont indiquées en italiques.)

Statistique détaillée des sources minérales exploitées ou autorisées en France et en Algérie, au 1er juillet 1882.

NOMS des départements et des communes (1)	NOMS des établissements ou des propriétaires (2)	Désignation de la propriété (3)	NOMS des sources (4)	Classe (5)	Nature des eaux — Désignation (6)	Situation géologique des terrains par lesquels les sources arrivent au jour (7)	Température en degrés centigrades (8)	Débit moyen par minute (litres) (9)	Usage — Interne (10)	Usage — Externe (11)	Nombre des sources exploitées (12)	Nombre des baignoires (13)	des piscines (14)	Nombre des malades en 1881 — à l'établ. (15)	En détail (16)	Dates des actes administratifs (17)	Étendue du périmètre de protection (18)	Observations (19)
Sers	Barzun	P.	Barzun	I.	Sulfureuses	Terrain de transition	30	60	+	+	1	11	»	»	2,300	A. M. 16 janvier 1839	»	
	Sainte-Marie	P.	Le Lac	IV.	Alcalines sulfatées calciques magnésiennes	Schistes à la limite des terrains jurassiques et granitiques	15	28	+	+	1	28	»	»	325		»	
Sireix	Le Pré-Fermé	P.	Le Pré-Fermé	III.	Ferrugineuses	Alluvions	8		+	+	1		»	»			»	
	Le Chemin-Coubet	C.	Le Chemin-Coubet	III.	Idem	Idem	8		+	+	1		»	»			»	
Cadiac	Cadiac Fine	P.	Fine	I.	Sulfureuses	Terrain de transition	13,5	15	+	+	1	12	»	»	400		»	
Ferrère	Ferrère	P.	Nan d'uommuin	I.	Idem	Calcaires à la limite des terrains jurassiques et granitiques	21	06	+	+	1	7	»	»	100	A. M. 4 juin 1843	»	
Gazost	Gazost	P.	Noire en Bourgade	I.	Idem	Calcaires et caleschistes de transition	14,3	252	+	+	1	0	»	»	300	A. M. 4 décembre 1843	»	
	Nabion	C.	Nabion	I.	Idem	Schistes argileux de transition	10,5	4	+	»	1	»	»	»	»	A. M. 4 juin 1843	»	Eau d'exportation.
Beaucens	Hounsalade	C.	Hounsalade	I.	Idem	Calcaire schisteux micacé	11		+	+	1	4	»	»	1,200		»	Débit abondant, mais non jaugé.
Trasrozaigues	Trasrozaigues	P.	Sulfureuse alcaline	I.	Sulfurien saline-sulfurées	Calcschistes de transition	20	11	»	+	1	9	»	»	500	A. M. 8 avril 1834	»	
			Mondang (5 sources)	III.	Ferrugineuses	Schistes de transition			+	»	»	»	»	»		A. M. 22 février 1866	»	Les sources de Mondang ne sont pas utilisées.
Villelongue		G.	Puntis	III.	Idem	Idem	13		+	»	2	»	»	»		A. M. 23 mai 1864	»	Sources non captées, utilisées en boisson par les habitants.
		P.	Hacharon	III.	Idem	Idem			+	»						Idem	»	
Ciretis	Donison	P.	Donison	I.	Sulfureuses	Roches calcaires, terrain jurassique	14,3		+	+	1	2	»	»	20	A. M. 2 février 1865	»	
Lahovère		C.	Lahovère	I.	Idem	Terrain de transition	12,8	29	+	»	1	»	»	»	»	A. M. 14 mai 1880	»	Eau d'exportation.
Totaux.								4,836.9			64	422	10	39,131	5,345		4 11 54	
PYRÉNÉES-ORIEN-TALES.																		
			Amélie	I.	Sulfureuses sodipas	Gneiss	24		+	»						A. M. 5 novembre 1839	»	
			Arago	L.	Idem	Idem	36		+	»						Idem	»	
			Anglade	L.	Idem	Idem	38		+	+						Idem	»	
			Bouil neuf	I.	Idem	Idem			»	+						Idem	»	L'établissement contient 10 douches. L'autorisation ministérielle du 5 novembre 1839 ne vise aucune source; elle s'applique uniquement à l'exploitation de l'établissement en général.
			Larrey	I.	Idem	Idem			»	+						Idem	»	
	Thermes Pujade	P.	Desgenettes	L.	Idem	Idem			»	+	11	24	1			Idem	»	
			Ascensionnelle	I.	Idem	Idem			»	»						Idem	»	
			Romit	I.	Idem	Idem	33		»	»						Idem	»	
			Les Nerfs	I.	Idem	Idem			+	»						Idem	»	
			Pastorale	L.	Idem	Idem			+	»						Idem	»	
			Puntalone	I.	Idem	Idem	58	140	+	»					4,300		»	
			Le Petit Escaldadou	I.	Idem	Gneiss et porphyre	62	263	»	+							»	
			Le Bassin réfrigérant	I.	Idem	Idem	55	80	»	+							»	Ces thermes sont exploités depuis plusieurs siècles sans interruption; ils sont subventionnés et inspectés par l'État.
Amélie-les-Bains	Thermes romains (Établissement Perrier)	P.	Le Jardin Parés	I.	Idem	Idem	58		»	»	6	24	1				»	
			Émile	I.	Idem	Idem	70	70	+	»							»	
			Fanny	I.	Idem	Idem	40	60	+	»							»	
			M. ujolat	L.	Idem	Idem	42	36	+	»							»	
	Établissement militaire	E.	Le Gros Escaldadou	I.	Idem	Gneiss	61	200	»	+	1	20	3			D. C. 18 juillet 1860 / D. P. 7 février 1863	3 47 00	L'établissement contient 6 douches.
			Source n° 1	L.	Idem	Idem	96		»	+							»	
			n° 2	L.	Idem	Idem	57,5		+	—							»	
Vernet	Les Commandants	P.	n° 3	L.	Idem	Idem	45		+	—							»	Depuis quelques années l'établissement dit des Commandants a passé entre les mains d'une société financière qui a modifié les captages. L'accès des griffons est impossible sans opérer des démolitions. Les sources, dont le débit était réduit à 18 litres en 1844, sont plus abondantes qu'autrefois.
			n° 4	L.	Idem	Idem	41		+	+	8	24	1	»	350		»	
			n° 5	L.	Idem	Idem	20i		+	+							»	
			n° 6	L.	Idem	Idem	43		+	+							»	
			n° 7	L.	Idem	Idem	33		+	+							»	
			n° 8	I.	Idem	Idem	33,5		+	+							»	

7.

Statistique détaillée des sources minérales exploitées ou autorisées en France et en Algérie, au 1er juillet 1882.

NOMS des départements et des communes	NOMS des établissements ou des propriétaires	Désignation du propriétaire	NOMS des sources	Classe	NATURE DES EAUX — Désignation	SITUATION GÉOLOGIQUE des assises par lesquelles les sources arrivent au jour	TEMPÉRATURE en degrés centigrades	DÉBIT moyen par minute (litres)	Usage interne	Usage externe	NOMBRE des établissements	NOMBRE des baignoires	NOMBRE des douches	MALADES en 1881 — Déclaré	MALADES en 1881 — Réduit	DATES des actes	ÉTENDUE du périmètre de protection	OBSERVATIONS
* Vernet (Suite)	Mercader	P.	La Buvette de Santé	I.	Sulfureuses	Gneiss	27		+	»							»	
			Bienfaisante Adélaïde	I.	Idem	Idem	38		+	+	5	10	»	»	300		»	
			La Chapelle de Casteil	I.	Idem	Idem	33		»	+							»	
			La Providence	I.	Idem	Idem	39		»	+						A. M. 6 mars 1843	»	
			Ursule	I.	Idem	Idem	42		»	+						Idem	»	
* Molitg	Molitg	P.	Sources Loupiar N° 1	I.	Idem	Granite	37,5		+	T							»	
			N° 2	I.	Idem	Idem	37,5	137	+	+							»	
			N° 3	I.	Idem	Idem	37,5		+	-							»	
			N° 4	I.	Idem	Idem	37		+	+						A. M. 30 mars 18..	»	Les établissements de Molitg sont aujourd'hui dans les mains d'un seul propriétaire.
			Sources Manet N° 5	I.	Idem	Idem	37		+	+	9	41	»	1,358		Idem	»	
			N° 6	I.	Idem	Idem	37	64,5	+	+						Idem	»	
			N° 7	I.	Idem	Idem	37		+	÷						Idem	»	
			N° 8	I.	Idem	Idem	37		T	T						Idem	»	
			Rareire	I.	Idem	Idem	38		+	+						A. M. » juillet 18..	»	
			Grande source	I.	Idem	Idem	43	300	+	+							»	
Y Douans	Villeneuve-des-Escaldes	P.	Merlat	I.	Idem	Idem			»	+							»	
			Saint-Barthélemy	I.	Idem	Idem			+	»	6	31	»	»	450		»	Établissement exploité depuis un temps immémorial.
			Cazotte	I.	Idem	Idem		13,4	+	»							»	
			Mathilde	I.	Idem	Idem	33,5		+	»							»	
			Dorres	I.	Idem	Idem	41	595	+	»							»	
Prats-de-Mollo	La Preste	P.	Source n° 1	I.	Sulfureuses et carbonatées sodiques	Pegmatite	44		+	+	9	12	1	»	300	A. M. 14 décembre 1858	»	Cet établissement possède, en outre, 4 belles sources inutilisées.
			Source d'en bas	I.	Idem	Idem	44		+	+						Idem	»	
Le Boulou	Saint-Martin-de-Fenouillet	P.	Le Boulou	II.	Bicarbonatées sodiques ferrugineuses, un peu d'arsenic	Schistes de transition	17,5	1	+	+						A. M. 1er août 18..	»	L'autorisation ne vise aucune source; elle s'applique seulement à l'exploitation de l'établissement.
			Saint-Martin-de-Fenouillet	II.	Idem	Idem	19	1	+	»	3	8	»	»	150	Idem	»	
			Chénomuse	II.	Idem	Idem	16,5	3,3	+	»						Idem	»	
* Canaveilles	Bigarre	P.	Non dénommées (3 sources)	I.	Sulfur uses	Gneiss	60		÷	÷	3	6	»	»	120	A. M. 13 mai 18..	»	Ces sources n'ont pas été jugées.
			Groupe Saint-André	I.	Idem	Idem	75	230	»	÷						A. M. 13 avril 18..	»	Qu'on appelle improprement des Bains d'Olette, près d'un petit établissement romain.
			6 autres sources	I.	Sulfureuses et salines	Idem	40 à 61	270	»	+						Idem	»	Ces sources, très salines, communiquent plus ou moins les unes avec les autres, et quelques-unes sont mélangées d'eau froide pour l'exhalation.
			La Grotte	I.	Sulfureuses	Idem	70	90	»	+						Idem	»	
* Olette	Thuès	P.	Brusselle	I.	Sulfureuses alcalines plus ou moins désulfurées	Idem	18 à 36	418	+	»	11			312		Idem	»	Le captage et le drainage s'obtiennent que très imparfaitement.
			Groupe de l'Escaldale	I.	Idem	Idem	60	92	T	»						Idem	»	Débit maximum.
			Groupe de la Cascade	I.	Sulfureuses	Idem	27 à 78	412	+	»						Idem	»	Peu captées, et plus ou moins mélangées. Le total des sources jugées d'Olette donne le volume énorme de 2,145 mètres cubes par 24 heures.
* Vinça	Naut	P.	Naut	I.	Idem	Granite	46,8		+	÷	1	3	»	33			»	Ces sources ne sont pas captées et sont seulement utilisées par les pâtres du pays.
Fontpédrouse	Saint-Thomas	P.	Saint-Thomas (3 sources)	I.	Idem	Carbno			+	»	3	»	»	»		A. M. 21 décembre 18..	»	
			Totaux					3,403,2				89	803	7	6,003	1,070		3 47 00	
RHÔNE.																		
* Charbonnières Bains	Charbonnières	P.	Laval, anciennement Marsonnat	III.	Ferrugineuses salines, légèrement sulfureuses iodées	Porphyre granitoïde	9,5	35	+	÷	1	29	3	401			»	L'établissement de Charbonnières a subi en 1880-1881 d'importantes modifications, comprenant la construction d'un nouveau...
Sorecy	Sorecy	P.	Les Quartiers	III.	Idem	Schistes argilo-quartzeux précédant les bancs de cuivre gris et rouge, au milieu desquels se trouve le filon de pyrite de cuivre	16	6	+	+						A. M. 29 mars 1838	»	Exploitée.

Statistique détaillée des sources minérales exploitées ou autorisées en France et en Algérie, au 1er juillet 1882.

NOMS des départements et des communes	NOMS des établissements ou des propriétaires	Propriété	NOMS des sources	Classe	Nature des eaux (désignation)	Situation géologique	Température	Débit par minute (litres)	Usage (bains)	Usage (boisson)	Nombre des sources exploitées	Nombre des étab.	Nombre des médecins	Nombre des baigneurs en 1881	Dates des actes	Étendue du périmètre	Observations
Saint-Genis-les-Ollières		P.	La Garonne	»					T	»	»	»	»	»	A. M. 31 août 1854	»	
Saint-Didier-au-Mont-d'Or		P.	La Roche Cardon	»					+	»	»	»	»	»	A. M. 6 août 1870	»	
			Les Terrières	»					+	»	»	»	»	»	A. M. 28 avril 1881	»	Ces 5 sources sont complètement abandonnées.
Neuville-sur-Saône		P.	Villeroy	»					+	»	»	»	»	»	Idem	»	
			Vimbé	»					+	»	»	»	»	»	Idem	»	
Totaux.								**55**			**1**	**20**	**3**	**401**		»	
SAÔNE (HAUTE-).																	
* Luxeuil	Luxeuil	E.	Le Bain des Capucins	IV.	Chlorurées sodiques	Grès bigarrés	38,5	15,5	»	+	18	71	5	1,580	D. U. 24 juillet 1858 / D. P. 12 juillet 189.	191 90 00	
			Le Petit Bain dit des Cuvettes	IV.	Idem	Idem	44	6,6	+	+					Idem		
			Le grand bassin (» sources)	IV.	Idem	Idem	51 et 69	26,4	+	+					Idem		
			Le bain Gradué (à sources)	IV.	Idem	Idem	38 et 45	17,8	»	+					Idem		
			Gélatineuse	IV.	Idem	Idem	38 et 37	6,3	T	+					Idem		
			Le Bain des Dames	IV.	Idem	Idem	44	33,9	T	+					Idem		
			Les Bénédictins (» sources)	IV.	Idem	Idem	36 et 42	11	»	+					Idem		
			L'Hygie	IV.	Idem	Idem	30,5	4,1	+	+					Idem		
			Martin	IV.	Idem	Idem	22	228,7	»	+					Idem		
			Les Yeux	IV.	Idem	Idem	24	0,3	»	+					Idem		
			Lobienus ?	IV.	Idem	Idem	34,6	5,7	»	+					Idem		
			Le Puits Romain	III.	Ferrugineuses manganésées carbonatées	Idem	29	31	»	+					Idem		
			Le Temple ou la Cuvette ferrugineuse	III.	Idem	Idem	24	14,6	+	+					Idem		
Villeminfroy		P.	Martin	IV.	Sélénito-magnésiennes	Grès infraliasique	13,5	51	+	»	1	»	»	»	A. M. 29 décembre 18..	»	
Éme		P.	Frayon	III.	Ferrugineuses carbonatées	Allusion ferrugineuse sur l'étage cavallin	11	10	+	»	1	»	»	»	A. M. 18 janvier 186.	»	Nota. Il existe, en outre, à Neuvelle-lès-la-Charité, une source d'eau sulfureuse, non autorisée, fréquentée seulement par quelques habitants des environs.
Totaux.								**462,9**			**20**	**71**	**5**	**1,580**		191 00 00	
SAÔNE-ET-LOIRE.																	
* Bourbon-Lancy	Bourbon-Lancy	C.	Le Limbe	IV.	Chlorurées sodiques	Grauwacke dévonienne	55,8	157,7	»	+	5	50	2	507	A. M. 7 décembre 1880	»	
			Saint-Léger	IV.	Idem	Idem	48,8	5,7	»	+					Idem	»	
			Marguerite	IV.	Idem	Idem	46,3	3,7	»	+					Idem	»	
			Descart	IV.	Idem	Idem	53,6	30	»	+					Idem	»	
			Reine	IV.	Idem	Idem	50,3	22,2	»	T					Idem	»	
Saint-Christophe-en-Brionnais	Saint-Christophe-en-Brionnais	P.	Non dénommée	III.	Ferrugineuses	Granite	15	4	+	+	1	8	»	»	A. M. 16 juillet 186.	25	
Totaux.								**223,3**			**6**	**58**	**2**	**507**		25	

OBSERVATIONS.

(Colonne 1re : Communes où résident des médecins inspecteurs. — Col. 3. Sources appartenant au domaine de l'État : E. ; aux départements : D. ; aux communes : C. ; aux particuliers : P. — Col. 17, A. M. : autorisation ministérielle ; D. U. : décret d'utilité publique ; D. P. : décret fixant le périmètre de protection. — Les sources non exploitées sont indiquées en italique.)

Statistique détaillée des sources minérales exploitées ou autorisées en France et en Algérie, au 1er juillet 1882.

Communes	Établissements / propriétaires	Dés. prop.	Sources	Classe	Nature des eaux (désignation)	Situation géologique	Temp. (°C)	Débit (litres/min)	Usage int.	Usage ext.	Nbre sources	Nbre	Nbre	Malades déclaré	Malades évalué	Dates	Étendue périm.	Observations
SAVOIE.																		
*Aix-les-Bains	Aix-les-Bains	E.	Source d'eau du soufre	I.	Sulfureuses; carbonatées calciques, et sulfatées sodiques, magnésiennes	Calcaire néocomien supérieur (urgonien)	44	720	−	+						Contrôles réglés du 26 mars 1880. — D. U. 21 juin 1878. — D. C. 21 juin 1878.		[illegible]
			…d'alun	I.	Idem	Idem	47	1,290	+	+	2	42	6	6,500				[illegible]
*Salins	Salins	P.	Salins	IV.	Salines	Calcaires magnésiens du trias	36	2,431	″	+	1	22	3	1,900				[illegible]
*Brides	Brides-les-Bains	P.	Brûlet	IV.	Idem	Idem	35	208	″	+	1	20	3	505				[illegible]
*Challes-les-Eaux	Challes	P.	Challes	I.	Sulfureuses alcalines	Calcaire jurassique	12	20	+	+	1	18	1	″	500			[illegible]
			Esculape	I.	Idem	Calcaire néocomien supérieur (urgonien)	14											[illegible]
Marlioz	Marlioz	P.	Bonjean	I.	Idem	Idem	14	36	″	+	3	14	″	″	255			[illegible]
			Adélaïde	I.	Idem	Idem	13											[illegible]
L'Échaillon	L'Échaillon	P.	L'Échaillon	IV.	Magnésiennes	Micaschistes	32	354	+	+	1	4	″	″				[illegible]
Bourg-Saint-Maurice	Bonneval	P.	Bonneval	IV.	Salines	Schistes fossiles du trias	38	700	″	+	1	4	″	″	200			[illegible]
Albertville	Albertolli	P.	Farette	II.	Alcalines	Éboulis adossés à un parement de micaschistes	11	8	″	+	1	…	…	″		A. M. 21 septembre 1878		[illegible]
*La Bauche	La Bauche	P.	La Bauche	III	Ferrugineuses	Molasse marine	12	4	+	″	1	″	″	8		A. M. 5 août 1875		[illegible]
Saint-Simon	Saint-Simon	P.	Saint-Simon	II.	Alcalines	Alluvions anciennes recouvrant la molasse	20	30	+	″	1	″	″	″				[illegible]
						Totaux.		5,801	…	…	13	124	13	8,313	1,055			
SAVOIE (HAUTE-)																		
*Évian-les-Bains	Évian	P.	Cachat	II.	Bicarbonatées alcalines et calciques	Alluvions anciennes	12	8	+	+						A. M. 19 septembre 1838		[illegible]
			Vigulet	II.	Idem	Idem	13	5	+	+						Idem		[illegible]
			Gaillot	II.	Idem	Idem	11	55	+	+	5	47	″	4,325		Idem		[illegible]
			Bonnevie	II.	Idem	Idem	9	20	+	+						Idem		[illegible]
			Montmasson	II.	Idem	Idem	12	120	+	+						Idem		[illegible]
*Saint-Gervais	Saint-Gervais	P.	Le Torrent	IV.	Chlorurées sulfatées magnésiennes	Trias (quartzite et dolomies)	40	6	+	+								[illegible]
			Gontard	IV.	Idem	Idem	51	100	+	+	4	20	″	852				[illegible]
			May	IV.	Idem	Idem	44	20	+	+								[illegible]
			Source Ferrugineuse	III.	Ferrugineuses	Idem	20	…	+	+								[illegible]
Publier	Amphion	P.	Source Ferrugineuse	III.	Bicarbonatées ferrugineuses	Alluvions anciennes	8	150	+	+	2	12	″	″	400	A. M. 30 décembre 1861		[illegible]
			Source Alcaline	II.	Bicarbonatées alcalines	Idem	12	10	+	+						Idem		[illegible]
Allonzier	La Caille	P.	Château	I.	Sulfureuses	Marnes néocomiennes	30	50	+	″	2	7	1	″	300			[illegible]
			Saint-François	I.	Idem	Idem	30	50	+	″								[illegible]
Chans-Cusy	Tougues	P.	Source n° 1	II.	Bicarbonatées alcalines	Alluvions anciennes	10	…	+	″						A. M. 10 avril 1869		[illegible]
			Source n° 2	II.	Idem	Idem	10	100	+	″	3	″	″	″		Idem		[illegible]
			Source n° 3	II.	Idem	Idem	10	…	+	″						Idem		[illegible]
Thonon		C.	La Versoie	II.	Idem	Idem	12	600	+	″	1	″	″	″		A. M. 22 juin 1861		[illegible]
Sillingy	Brogines	P.	Source Sulfureuse	I.	Sulfureuses	Éboulis reposant sur le calcaire néocomien supérieur (urgonien)	17	51	+	+	1	12	″	″	250			[illegible]
Menthon	Menthon	P.	Source Sulfureuse	I.	Idem	Grès nummulitiques	14	120	+	+	1	10	″	″	350	Idem		[illegible]
						Totaux.		1,462	…	…	10	108	1	5,177	1,300			

Statistique détaillée des sources minérales exploitées ou autorisées en France et en Algérie, au 1er juillet 1882.

NOMS des départements et des communes (1)	NOMS des établissements ou des propriétaires (2)	Désignation du propriétaire (3)	NOMS des sources (4)	Classe (5)	Désignation — Nature des eaux (6)	Situation géologique, par lesquels les sources arrivent au jour (7)	Température en degrés centigrades (8)	Débit moyen par minute (9)	Usage des eaux — Interne (10)	Usage des eaux — Externe (11)	Nombre des sources exploitées (12)	Nombre — des naissances (13)	Nombre — des guérisons (14)	Nombre des malades en 1881 — Déclaré (15)	Évalué (16)	Dates des actes administratifs (17)	Étendue du périmètre de protection (18)	Observations (19)
SEINE.								litres.										
* Paris	Auteuil	P.	Quicheret	III	Ferrugineuses	Terrain tertiaire (argile plastique)	11	2	+							A. M. 17 juin 1831		
	Auteuil	P.	Montmorency	III	Idem	Idem	11	1,5	+							Idem		
	Auteuil	P.	Joseph	III	Idem	Idem	11	2	+		4					Idem		
	Auteuil	P.	La Fontaine	III	Idem	Idem	11	2,5	+							Idem		
	Batignolles	P.	Source sulfureuse	I	Sulfureuses calciques	Terrain tertiaire (étage du gypse)	10	3	+		1					A. M. 17 février 1840		
	Belleville	P.	Source sulfureuse	I	Idem	Idem	10	0,8	+		1					A. M. 1er septembre 1822		Ces sources ne sont plus exploitées industriellement. On délivre l'eau gratuitement; elle est d'ailleurs très peu demandée. Il existait aux Ternes une source d'eau ferrugineuse autorisée, abandonnée à la suite de la construction du chemin de fer de Ceinture, dont les terrassements ont marqué le point d'émergence.
	Passy	P.	Non dénommées (3 sources)	III	Ferrugineuses	Terrain tertiaire (argile plastique)	10	6	+									
	Passy	P.					12	0,5	+		3					A. M. 11 décembre 1873		
	Passy	P.					11	2	+									
			Totaux.					117,5			9							
SEINE-INFÉRIEURE.																		
* Forges-les-Eaux	Forges-les-Eaux	P.	La Reinette	III	Ferrugineuses	Sables ferrugineux inférieurs à la craie	7	15	+	+		6		220		A. M. 4 octobre 1877		L'usage des eaux de Forges est surtout interne. — Il est indiqué une expédition de 18,000 bouteilles par an. — En plus des baignoires il y a un cabinet de douches.
	Forges-les-Eaux	P.	La Royale	III	Idem	Idem	7	30	+	+	3					Idem		
	Forges-les-Eaux	P.	La Cardinale	III	Idem	Idem	6	6	+	+						Idem		Il n'y a pas d'établissement proprement dit, mais une simple pompe où viennent puiser un nombre considérable de personnes.
Rouen		C.	Le Pré-Thuilleau	III	Idem	Alluvions et tourbe	12	2,1	+		1					A. M. 7 mars 1878		Pour ? tard; hiver.
Graville-Ste-Honorine		C.	Le Château-d'Eau	III	Idem	Craie chloritée	10		+							A. M. 17 juin 1812		
			Totaux.					53,1			4	6		220			
SEINE-ET-MARNE.																		
Provins		C.	Non dénommée	III	Ferrugineuses	Limons d'atterrissement marneux et sableux, argile ocreuse, tourbe compacte noire, argile pyriteuse	12		+		1							Concession gratuite faite par l'État à la ville de Provins. (Loi du 11 avril 1810.)
Thieux		P.	Source n° 1	I	Sulfureuses	Sables moyens, gypses et dépôts diluviens de formation récente	14	20	+							A. M. 31 juillet 1861		Source inexploitée depuis plusieurs années.
			Totaux.								1						
SEINE-ET-OISE.																		
* Enghien-les-Bains	Enghien	P.	Le Roi	I	Sulfureuses calciques	Terrains quaternaires, marnes et sable remaniés	14	14	+							A. M. 3 avril 1841 / D. U. 18 juin 1865		
	Enghien	P.	Dayeux	I	Idem	Idem	13	11	+							Idem		
	Enghien	P.	Péligous	I	Idem	Idem	13	8	+							Idem		
	Enghien	P.	La Pêcherie	I	Idem	Idem	12	13	+	+						Idem		
	Enghien	P.	Fouretroy	I	Idem	Idem	13	8	+	+						Idem		
	Enghien	P.	Vauquelin	I	Idem	Idem	12	14	+	+						Idem		
	Enghien	P.	Le Lac	I	Idem	Idem	14	17	+	+	13	92	A	1,000		A. M. 18 février 1861		
	Enghien	P.	Le Nord ou Lévy	I	Idem	Idem	13	2	+	+						A. M. 5 janvier 1863		
	Enghien	P.	Puiseya ou les Roses	I	Idem	Idem	14	16	+	+						A. M. 24 juillet 1861		
	Enghien	P.	Coquil n° 1	I	Idem	Idem	12	17	+	+						A. M. 21 mai 1867		
	Enghien	P.	—— n° 2	I	Idem	Idem	13	15	+	+						A. M. 13 juin 1863		
	Enghien	P.	—— n° 3	I	Idem	Idem	12	16	+	+						à M. 3e mai 1867		
	Enghien	P.	Bousquet	I	Idem	Idem	11	12	+	+						A. M. 3e mars 1865		
	Enghien	P.	Bouland	I	Idem	Idem	13	4	+							A. M. 3 avril 1865 / D. U. 18 juin 1865		Cette source n'est pas employée, laissant être son eau trop pauvre.

Statistique détaillée des sources minérales exploitées ou autorisées en France et en Algérie, au 1ᵉʳ juillet 1882.

NOMS des départements et des communes (1)	NOMS des établissements ou des propriétaires (2)	Propriété (3)	NOMS des sources (4)	Classe (5)	NATURE DES EAUX — Désignation (6)	SITUATION GÉOLOGIQUE des terrains par lesquels les sources arrivent au jour (7)	TEMPÉRATURE en degrés centigrades (8)	DÉBIT moyen par minute, litres (9)	USAGE — Interne (10)	USAGE — Externe (11)	NOMBRE des sources exploitées (12)	NOMBRE des établissements (13)	NOMBRE des baignoires (14)	NOMBRE DES MALADES en 1881 — Déclaré (15)	— Évalué (16)	DATES des actes administratifs (17)	ÉTENDUE du périmètre de protection, hect. a. c. (18)	OBSERVATIONS (19)
Livry	Livry-Sévigné	P.	Notre-Dame-de-Livry	I.	Sulfureuses calciques	Terrains remaniés, sables et marnes	14	6	+	+	4	6	1	»	80	A. M. 20 décembre 1858	»	
			Sainte-Marie	I.	Sulfureuses et ferrugineuses	Idem	17	2	+	+						Idem	»	
			Sévigné	III.	Ferrugineuses	Idem	16	2	+	+						Idem	»	
			L'Amiral-Jacob	I.	Sulfureuses calciques	Idem	16	3	+	+						Idem	»	
Forges-les-Bains	Assistance publique	P.	Raymond	IV.	Carbonatées magnésiennes	Mélange de roches de différentes formations remplissant une poche de la formation gypseuse	13	46	+	+	1	»	1	»	105	A. M. 10 janvier 1852	»	Cette eau est utilisée seulement pour les malades de l'orphelinat.
	Courty	P.	Courty	IV.	Idem	Idem	13	53	+	»	4	18	1	»		A. M. 31 juillet 1851	»	Les eaux de Forges sont très peu minéralisées; les trois dernières sources sont seulement utilisées par les habitants de la localité.
			Le Curé	IV.	Idem	Idem	13		+	»						Idem	»	
			Vinitel	IV.	Idem	Idem	13		+	»						Idem	»	
			L'Hôpital	IV.	Idem	Idem	13		+	»						Idem	»	
			TOTAUX					275			22	86	7	1,000	213		»	
SÈVRES (DEUX-).																		
* Bressuire		D.	Les Fontaines	I.	Sulfureuses calciques	Calcaire jurassique	10	»	+	+	1	12	»		12	—	»	L'eau est transportée dans des tonnes à l'hospice d'Oiron, distant de 2 kilomètres. Il existe aussi à Voire, commune de Montbron, une source analogue dont les eaux ne sont pas utilisées.
SOMME.																		
Amiens	Lambert Moussis	P.	Les Hoclers	III.	Ferrugineuses	Alluvions	11	75	+	»	1	»	»	»		A. M. 18 février 1881	»	L'établissement est encore en construction. On a vendu 1,800 litres d'eau en 1881. Le débit naturel est inconnu; une expérience a toutefois établi qu'un épuisement de 1,700 litres à la minute ne tarissait pas la source.
	Leblanc-Devismes	P.	Le Petit-Saint-Jean	II.	Idem	Idem	11		+	+	1					A. M. 21 décembre 1877	»	
			TOTAUX					75			2	»	»	»			»	
TARN.																		
Trèbes	Montou	P.	Saint-Rock	I.	Sulfureuses calciques chlorurées	Schistes pyriteux de transition	16	8	»	+	2					A. M. 27 avril 1850	»	La source Anclet a été réunie à la source Saint-Rock.
			Anglar	I.	Alun	Idem	16	5	»	+						A. M. 1 septembre 1852	»	
Roquecourbe	La Commune	C.	Le Chemin perdu	III.	Ferrugineuse	Schistes argileux de transition	13	4,5	+	»	1	»	»	»		A. M. 29 avril 1882	»	
Vaour	Savoir	C.	Non dénommée	IV.	Salines sulfatées	Grès bigarrés	10	1,5	+	»	1	»	»	»		A. M. 7 septembre 1871	»	
Lacaune	Lacaune	P.	Lacaune	IV.	Carbonatées calciques	Schistes argileux de transition	21,5	170	+	+	1	26	»	»			»	
			TOTAUX					189			5	26	»	»			»	
VAUCLUSE.																		
* Vaucluse	Monnieux-Venasque	P.	Source ferrugineuse	III.	Ferrugineuses	Terrain tertiaire	16	10	+	+	3	30	»		600	A. M. 18 mai 1874	»	Il existe, en outre, à l'établissement une salle de douches, une d'inhalation, une de pulvérisation, une de bains de vapeur et une de douches de vapeur.
			Source sulfureuse	I.	Sulfureuses calciques	Idem	18	12	+	+						A. M. 11 septembre 1874	»	
			Source verte	IV.	Sulfatées sodiques magnésiennes	Idem	10	0,2	+	+						A. M. 26 mai 1849	»	
Velleron	Pougol	P.	Sources n°ˢ 1, 2 et 3	II.	Bicarbonates sodiques	Idem	30	70	+	+	3	20	1	»	2,000	A. M. 12 mai 1849	»	Chaque source débite en moyenne un litre à la minute.
	Tèbes	P.	L'escaume de Venise (4 sources)	IV.	Chlorurées sulfatées alcalines magnésiennes et calciques	Idem	17	87	+	+	4	18	2	»		A. M. 17 avril 1849	»	L'établissement possède quatre sources dont le débit est approximativement de 70, 8, 8 et 1 litres.
Bonnieux	Cibour-Vacqueyras	P.	Source n° 1	I.	Sulfureuses calciques	Idem	18	12	+	+	2	14	4	»	400	Idem	»	Il y a, en outre, à l'établissement une salle de bains de vapeur et un cabinet de douches.
			Source n° 2	III.	Ferrugineuses	Idem	17	14	+	+						Idem	»	
Gigondas	Eaux	P.	Les Florets	I.	Sulfureuses calciques	Idem	12	3,5	+	+	1	7	»	»	100	A. M. 19 avril 1873	»	
			TOTAUX					208,7			13	80	7	600	2,500		»	

(Colonne 1, *: Communes où résident des médecins inspecteurs. — Col. 3. Sources appartenant au domaine de l'État: E.; aux départements: D.; aux communes: C.; aux particuliers: P. — Col. 17. A. M.: autorisation ministérielle; D. U.: décret d'utilité publique; D. P.: décret fixant le périmètre de protection. Les sources non exploitées sont indiquées en italiques.)

Statistique détaillée des sources minérales exploitées ou autorisées en France et en Algérie, au 1er juillet 1882.

NOMS des départements et des communes	NOMS des établissements ou des propriétaires	(propriété)	NOMS des sources	Classe	NATURE DES EAUX (dénomination)	SITUATION GÉOLOGIQUE par laquelle les sources arrivent au jour	TEMPÉRATURE en degrés centigrades	DÉBIT par minute (litres)	En boisson	En bains	NOMBRE des sources exploitées	des baignoires	des piscines	Malades déclaré	Malades évalué	DATES des actes administratifs	ÉTENDUE du périmètre de protection (hect.)	OBSERVATIONS
VIENNE																		
* La Roche-Posay	La Roche-Posay	C.	Source n° 1	I.	Sulfureuses calciques nitreuses, légèrement ferrugineuses	Craie tuffeau	13,5		+	+							»	Sources connues depuis trois siècles. Une demande de déclaration d'utilité publique, présentée en 1874, est demeurée sans résultat.
			— n° 2	I.	Sulfureuses et ferrugineuses	Idem	13,5	40	+	+	3	20	»	»	150		»	
			— n° 3	I.	Ferrugineuses, légèrement sulfureuses	Idem	11		+	+							»	
VOSGES																		
* Plombières	Plombières	F.	Le Robinet Romain	II.	Bicarbonatées sodiques silicatées		68	17,2	+	»						D. U. 4 juillet 1867		L'établissement de Plombières et l'exploitation des sources ont été concédés à une Compagnie fermière par une loi du 6 juin 1857.
			Le Robinet Stanislas	II.	Idem		65	2,9	+	»						Idem		
			Le Robinet Vauquelin	II.	Idem		68	6	+	»						Idem		
			17 sources de 1 à 17 dites Savonneuses	II.	Idem		12 à 50	68,6	+	+						Idem		
			14 sources de 1 à 14 dites du Thalweg	II.	Idem	Le griffon de toutes ces sources consiste en fissures dans le granite porphyroïde. — Les savonneuses émergent dans une galerie souterraine creusée dans le rocher; celles du thalweg à la base d'une galerie souterraine maçonnée, et les autres dans des cavités généralement peu profondes	19 à 67	239,5	»	+						Idem	11 30 00	
			3 sources isolées	II.	Idem		33 et 27	27,1	»	+						Idem		
			Les Capucines	II.	Idem		42	9,5	»	+	16	190	15	1,983		Idem		
			Les Dames	II.	Idem		52	13	+	+						Idem		
			La Crucille	II.	Idem		44	7,7	+	+						Idem		
			Muller	II.	Idem		31	5,9	»	+						Idem		
			Parisot	II.	Idem		18	0,7	»	+						Idem		
			Lambinet	II.	Idem		26	12	»	+						Idem		
			Le Trottoir	II.	Idem		19	1	»	+						Idem		
			Fournis	II.	Idem		38	2	»	+						Idem		
			Bise	II.	Idem		11	32,2	»	+						Idem		
			Bourdeille ou Ferrugineuse	III.	Ferrugineuses		10	3,3	+	+						Idem		
* Contrexéville	Le Pavillon	P.	Le Pavillon	IV.	Sulfatées calciques alcalines	Le griffon de ces sources se trouve à une profondeur moyenne de 5 mètres et consiste en fissures dans le muschelkalk; au-dessus, argile verte compacte sur 3 mètres, puis argile molle et terre végétale	11,5	125	+	»						D. U. 4 août 1860; D. P. 22 juin 1861	2 30 00	Les bains pris dans cette eau chauffée ne sont pas considérés comme étant d'un usage médical. — Expédition annuelle 300.000 bouteilles.
			Les Bains	IV.	Idem		11,5	8	+	+	6	35	»	2,376		Idem		
			Le Quai	IV.	Idem		11,5	50	+	»						Idem		
			La Souveraine	IV.	Idem		11,5	8	+	»						4, M. 22 juin 186?		
			Grosse source	IV.	Sulfatées sodiques arsenicales	Fissures du grès bigarré superposé au granite	48	41	+	+						D. U. 9 janvier 1863		
			Romaine	IV.	Idem	Idem	44	0,0	+	+						Idem		
			Souterraine	IV.	Idem	Idem	41	8,5	»	+						Idem		
			Le Robinet de cuivre	IV.	Idem	Idem	45	5,3	»	+						Idem		
			Le Robinet de fer	IV.	Idem	Idem	45	14,7	»	+						Idem		
			Tempérée	IV.	Idem	Idem	39	4,6	»	+						Idem		
* Bains	Bains	P.	Saint-Colomban	IV.	Idem	Idem	21	20	»	+	12	14	3	989		Idem		
			Casquin ou Savonneuse	IV.	Idem	Idem	38	3	+	+						Idem		
			Féconde	IV.	Idem	Idem	40	13,8	»	+						Idem		
			La Promenade	IV.	Idem	Idem	39	68,2	»	+						Idem		
			La Vache	IV.	Idem	Idem	33	2,5	+	+						Idem		Cette source n'est pas comprise dans le décret de déclaration d'utilité publique.
			Grandgury	IV.	Idem	Idem			»	+								

TEMPÉRATURE

des 17 sources dites Savonneuses :

N° 1... 19°	N° 10... 19°
2... 17°	11... 25°
3... 22°	12... 32°
4... 26°	13... 32°
5... 44°	14... 42°
6... 52°	15... 34°
7... 43°	16... 36°
8... 50°	17... 37°
9... 12°	

Débit total... 68 lit. 6.

des 14 sources du Thalweg :

N° 1... 27°	N° 8... 30°
2... 44°	9... 55°
3... 60°	10... 49°
4... 61°	11... 38°
5... 45°	12... 44°
6... 52°	13... 56°
7... 67°	14... 67°

Débit total... 239 lit. 6.

Statistique détaillée des sources minérales exploitées ou autorisées en France et en Algérie, au 1er juillet 1882.

NOMS des départements et des communes	NOMS des établissements ou des propriétaires	Désignation du propriétaire [2]	NOMS des sources [1]	CLASSE [5]	NATURE DES EAUX — désignation [6]	SITUATION GÉOLOGIQUE des orifices par lesquels les sources arrivent au jour [7]	TEMPÉRATURE en degrés centigrades [8]	DÉBIT moyen par minute (litres) [9]	USAGE Interne [10]	USAGE Externe [11]	NOMBRE des sources exploitées [12]	NOMBRE des baignoires [13]	NOMBRE des piscines [14]	NOMBRE DES MALADES en 1881 Déclaré [15]	Évalué [16]	DATES des actes constitutifs [17]	ÉTENDUE du périmètre de protection [18]	OBSERVATIONS [19]
* Vittel	Vittel	P.	Grosse source	IV	Sulfatées calciques alcalines	Fissures du muschelkalk	11	85	+	.						A. M. 16 mai 1883		Les bains pris avec cette eau chauffée ne sont pas considérés comme étant d'un usage médical. — On expédie annuellement 120,000 bouteilles d'eau.
			Marie	IV	Idem	Idem	11.5	47	+	+	4	12	"	455	—	A. M. 25 mars 1857		
			Les Demoiselles	IV	Idem	Idem	11.5	17	+	+						Idem		
			Salée	IV	Idem	Couche d'argile blanchâtre graveleuse et assez consistante	12	52		+						A. M. 15 mars 1878		
* Martigny-les-Lannorche	Martigny-les-Lannorche	C.	Sources n° 1 et 2	IV	Idem	Fissures du muschelkalk	11	80	+	"	2	"	"	"		A. M. 20 avril 1889		Même observation que pour Vittel. — Expédition annuelle, 15,000 bouteilles.
* Bussang	Bussang	P.	Source d'en bas ou Salmade	II	Alcalines ferrugineuses	Fissures dans une sorte de granwacke, compacte et très dure, qui paraît formée d'anciennes argiles durcies	12	1	+	"						A. M. 2 novembre 1864 / D. C. 7 avril 1866	17 00 00	L'établissement est en construction, jusqu'ici il n'a été fait que des expéditions d'eau, environ 80,000 bouteilles par an.
			Fontaine d'en haut ou des Demoiselles	II	Idem	Idem	12	0.8	+	"	3	"	"	"		Idem		
			Marie	II	Idem	Idem	11	1.1	+	"						A. M. 5 janvier 1877		
Hagecourt	Lept...	P.	Hérichaloup	IV	Sulfatées calciques	Fissures du muschelkalk	13	132	+	"	1	"	"	"	49	A. M. 15 juillet 1878		Il n'y a pas d'établissement proprement dit. — Expédition annuelle, 1,500 bouteilles.
Saint-Vallier	La Commune	C.	Fontaine Valère	IV	Idem	Idem	10	133	+	"	1	"	"	"	13	A. M. 27 mars 1869		Il n'y a pas d'établissement proprement dit. — Expédition annuelle, 1,500 bouteilles.
Dolaincourt	Villa	P.	La Surmorie	I	Sulfurées sodiques arsenicales	Fissure assez large dans les argiles compactes et remplies de galets calcaires de l'oolithe inférieure	10	0.6	+	"	1	"	"	"		A. M. 5 mai 1878		Il n'y a pas d'établissement proprement dit. — Expédition annuelle, 1,500 bouteilles.
Norroy		C.	Le Roud-Buisson	IV	Sulfatées calciques			0.8	+	"	1	"	"	"				Cette source n'a pas été jusqu'à ce jour l'objet d'une exploitation régulière. On estime à environ 1,000 bouteilles la quantité d'eau employée pour les boissons des malades.
Cirenart		C.	Les Saunieures	IV	Idem			..			1	"	"	"				Source très fréquentée pendant la saison d'été.
TOTAUX					1,381.2		76	231	18	5,096	57						31 25 00	

ALGÉRIE.

ALGER.

NOMS des départements et des communes	NOMS des établissements ou des propriétaires	Désignation du propriétaire [2]	NOMS des sources [1]	CLASSE [5]	NATURE DES EAUX — désignation [6]	SITUATION GÉOLOGIQUE [7]	TEMPÉRATURE [8]	DÉBIT [9]	USAGE Interne [10]	USAGE Externe [11]	NOMBRE des sources exploitées [12]	NOMBRE des baignoires [13]	NOMBRE des piscines [14]	Déclaré [15]	Évalué [16]	DATES [17]	ÉTENDUE [18]	OBSERVATIONS [19]
Miate d'Adelia	Hammam R'hira	E.	13 sources	IV	Salines chlorurées sodiques et sulfatées calciques	Marnes grises helvétiennes (miocène moyen) et travertin déposé par les sources elles-mêmes	42 à 70	610	"	+	14	4	8	"	850	A. G. 17 mai 1879 / D. U. ; D. P. 14 avril 1882	52 58 60	13 sources. N°s 1, 1 bis, 5, 5 bis, 7, 7 bis, 8, 8 bis, 9, 9 bis...
			Source ferrugineuse n° 4	IV	Salines chlorurées sodiques et sulfatées calciques ferrugineuses	Idem	19	17.4	+	"						Idem	2 95 34	
Korigo	Hammam Melouan	F.	Le Maraloui de Sidi-Silman	IV	Salines chlorurées sodiques	Contact du terrain miocène inférieur et du terrain crétacé inférieur	40	400	"	+	2	"	2	"	250			Autorisation accordée par arrêté du Gouverneur général en date du 19 juin 1863, mais révoquée le 4 avril 1866.
			La Piscine européenne	IV	Idem	Idem	40		"	+								Établissement fréquenté surtout par les indigènes.
Bouzareah	Mohammed Ould el-Kassria	P.	Non dénommée	II	Alcalines ferrugineuses	Schistes anciens	16	0.2	+	"	1	"	"	"	"	A. G. 15 mai 1879		
Rédigue d'Aumale	Oued Okris	E.	Oued Okris	I	Sulfureuses calciques	Terrain crétacé	14 à 60	192	"	.	1	"	"	"	1,200			Utilisé par les indigènes en bains pris dans des trous naturels ou « prise arrangée par eux.
Mixte des Oumaceris	Hammam-el-Hamé	F.	Hammam-el-Hamé	I	Sulfureuses sodiques	Idem	42	270	"	+	1	"	"	"	400			Idem
Mixte de Berrouaghia		E.	Non dénommée	I	Idem	Idem	41	00	"	+	1	"	"	"	250			Idem.
Mixte de Dra-el-Mizan	Ben-Haroun	E.	Ben-Haroun	I	Sulfureuses carbonatées	Contact du terrain miocène helvétien et du crétacé	18	6	+	"	1	"	"	"	"			Demandée en concession temporaire.
TOTAUX					1,505.6		21	4	10	"	2,950						55 53 94	

Statistique détaillée des sources minérales exploitées ou autorisées en France et en Algérie, au 1er juillet 1882.

NOMS DES DÉPARTEMENTS et des communes (1)	NOMS DES ÉTABLISSEMENTS ou des propriétaires (2)	DÉSIGNATION du propriétaire (3)	NOMS DES SOURCES (4)	NATURE DES EAUX — CLASSE (5)	NATURE DES EAUX — désignation (6)	SITUATION GÉOLOGIQUE — des terrains par lesquels les sources arrivent au jour (7)	TEMPÉRATURE en degrés centigrades (8)	DÉBIT total en litres par minute (9)	USAGE Interne (10)	USAGE Externe (11)	NOMBRE des sources exploitées (12)	NOMBRE des baraques (13)	NOMBRE des casernes (14)	MALADES en 1881 Déclaré (15)	MALADES en 1881 Évalué (16)	DATES des actes administratifs (17)	ÉTENDUE du périmètre de protection (18)	OBSERVATIONS (19)
CONSTANTINE.																		
Clouzel	Hammam Meskoutine. (Établissements civil et militaire.)	E.	Hammam Meskoutine (Sources nombreuses.)	IV.	Chlorurées sodiques et calciques	Terrain quaternaire; mais tout porte à croire que les sources dérivent d'un plissement jurassique souterrain	18 à 93	26,000	»	+	(*)6	»	12	»	790	A. C. 18 décembre 1881	»	L'établissement militaire est pourvu d'appareils hydrothérapiques, et d'appareils d'inhalations, basés de vapeur établis sur un point d'émergence même. — Les deux établissements sont, sur le fréquentés, avant et après l'été.
				IV.	Sulfatées et carbonatées													
				I.	Griffon sulfureux													
				III.	Griffon ferrugineux													
Constantine	Sidi-M'cid	P.	Sidi M'cid (Sources nombreuses.)	I.	Légèrement sulfureuses et ferrugineuses	Calcaire cénomanien	32	5,400	-I	»	(*)3	8	3	»	»		»	Établissement très fréquenté par la population de Constantine, mais sans propriétés thérapeutiques spéciales.
	Salah-Bey		Salah-Bey	IV.	Carbonatées calciques	Puits pliocène lacustre des environs de Constantine	29	2,400	»	+	»	»	»	»	»		»	Établissement ancien très fréquenté des indigènes, mais sans propriétés thérapeutiques notables.
Jemmapes	Oued Hamimim	E.	Oued Hamimim (Sources nombreuses.)	IV.	Sulfatées calciques	Schistes argileux phylladiens (sédiments inférieurs)	35 à 50	35	»	+	(*)3	»	6	»	»		»	Établissement privé aux eaux réputées, où l'on trouve jusqu'à quelques voitures exploitées à la fois, logeant à l'hôtel annexé à l'établissement.
				III.	Griffon ferrugineux	Idem												
				I.	Griffon sulfureux	Idem												
Souk-Ahras	Hammam Ouled-Zaïd	E.	Hammam Ouled-Zaïd	I.	Sulfureuses	Calcaire soessonien	39	.....	»	+	1	»	4	»	»		»	Établissement construit en pisé, très fréquenté par la population indigène. — Le débit de la source est très abondant.
Biskra	Hammam de Biskra	E.	Hammam Salain	IV.	Chlorurées sodiques	Pliocène lacustre du nord de Biskra. La source paraît en relation avec un point appartenant au crétacé inférieur souterrain	45	3,000	»	÷	1	»	4	»	»		»	Établissement construit par le génie, très fréquenté des indigènes et des Européens.
Oued-Amisour	Hammam de l'Oued-Amisour	E.	Hammam de l'Oued-Amisour	IV.	Sulfatées calciques	Nummulitique supérieur au voisinage d'un massif éruptif étendu	50	.....	»	+	1	»	1	»	.....		»	Piscine fréquentée par les indigènes et les Européens du village. — Le débit de la source est faible.
Takitout	Takitout	E.	Aïn-Hamza	II.	Acidulées bicarbonatées sodiques	Calcaire senonien		3	+	»	1	»	4	»	.....		»	Eau froide; comparée à l'eau de Vichy, elle est plus riche en gaz et moins en bicarbonates alcalins.
						Totaux.		30,838	.....	.....	(*)14	8	30	»	790		»	(*) Donnée approx. Nombre brut, se rapproche assez de la diversité des eaux, mais inférieur au nombre réel.
ORAN.																		
Oran	Bains de la Reine	P.	Non dénommée	IV.	Salines chlorurées sodiques	Schistes d'Oran (anciens ou peut-être triasiques)	45	230	»	+	1	18	1	»	200	Concession à perpétuité du 1er septembre 1842	»	Cette source a été utilisée par les Espagnols antérieurement à la conquête française.
Hammam bou-Hadjar	Hammam bou-Hadjar	E.	Hammam bou-Hadjar	II.	Alcalines (bicarbonatées sodiques)	Atterrissement récent quaternaire	12 à 75	140	»	+	2	2	4	»	100	D. V.; O. P. 16 janvier 1839 — Idem	107 90 00	La concession est encore pendante. — Le débit des sources va en diminuant continuel, par suite de l'obstruction du point d'émergence par les dépôts.
			Hammam Sidi-Aït	II.	Idem	Idem												
Mixte de Mascara	Hammam bou-Hanifia	E.	Hammam bou-Hanifia	IV.	Salines (carbonatées calciques)	Aptien	58	480	»	+	1	»	4	»	250	.....	»	Établissement bâti par le génie militaire.
Mixte de Marnia	Hammam bou-R'ara	E.	Hammam bou-R'ara	IV.	Thermales simples	Miocène moyen	48	720	»	÷	»	»	»	»	»	.....	»	Idem.
	Hammam Sidi-Cheikh	E.	Hammam Sidi-Cheikh	IV.	Salines (chlorurées sodiques)	Idem	33	600	»	+	3	»	4	»	950	.....	»	
	Hammam Sidi-bel-Kheir	E.	Hammam Sidi-bel-Kheir	IV.	Idem	Idem	36	420	»	+						.....	»	
Mixte de Relizane	Oued Sidi-Brahim	E.	Oued Sidi-Brahim	IV.	Salines (chlorurées sodiques)	Idem	60	60	»	+	1	»	»	»	300	.....	»	Les indigènes se baignent dans des trous creusés aux points d'émergence.
Mixte de Saïda	Hammam Ould-Khaled	E.	Hammam Ould-Khaled	IV.	Idem	Oxfordien	45	480	»	+	1	»	1	»	250	.....	»	Piscine naturelle
Mixte de Tlemcen	Aïn Sidi-Abdelli	E.	Aïn Sidi-Abdelli	IV.	Salines (carbonatées calciques)	Idem	38	3,400	»	+	1	»	1	»	150	.....	»	
Mixte d'Aïssa-Moussa	Aïn Mentil	E.	Aïn Mentil	I.	Sulfureuses	Crétacé inférieur	32	6	»	+	1	»	1	»	60	.....	»	Est l'objet d'une demande en concession.
Aïn-Noulssy	Aïn Noulssy	L.	Aïn-Noulssy	I.	Idem	Pliocène	18.5	12	»	+	1	»	1	»	.....	.....	»	
						Totaux.		5,568	.....	.....	12	20	15	»	1,000	.....	107 90 00	

RÉSUMÉ GÉNÉRAL,

PAR DÉPARTEMENT,

DES SOURCES MINÉRALES EXPLOITÉES

AU 1ᵉʳ JUILLET 1882.

Résumé général des sources minérales exploitées au 1ᵉʳ juillet 1882.

DÉPARTEMENTS	NOMBRE TOTAL des sources exploitées	CLASSEMENT d'après le caractère médico-chimique prédominant — sulfureuses (I)	alcalines (II)	ferrugineuses (III)	salines (IV)	SOURCES froides jusqu'à 15°	thermales au-dessus de 15°	TEMPÉRATURE la plus basse (degrés)	la plus élevée (degrés)	DÉBIT combiné des sources par minute (litres)	SOURCES exploitées à l'intérieur	à l'intérieur et à l'extérieur	à l'extérieur	ÉTABLISSEMENTS autorisés	non autorisés	BAIGNOIRES et piscines — B	P	NOMBRE de malades en 1881
Ain	1	»	»	1	»	1	»	31		16	»	1	»	1	»	10	»	20
Allier	27	»	21	1	3	12	15	0,4	53	1.192	16	9	2	7	4	533	17	16.430
Alpes (Basses-)	5	5	»	»	»	1	7	15	47	1.350	»	8	»	3	»	26	5	544
Alpes (Hautes-)	5	»	»	1	4	1	4	13	38	321	2	3	»	2	2	1	10	630
Alpes-Maritimes	4	4	»	»	»	1	3	11	29,5	172	»	4	»	2	»	4	6	400
Ardèche	77	»	67	2	8	63	14	6	53,5	697	59	16	8	0	20	171	10	6.825
Ariège	60	42	17	2	8	5	64	12,5	77,5	1.742	14	14	41	13	»	369	3	8.139
Aude	14	3	6	»	5	1	13	12	51	1.833	3	7	4	5	»	131	»	6.158
Aveyron	26	7	7	10	2	21	5	10	36	179	10	13	3	8	6	93	4	6.461
Bouches-du-Rhône	3	1	»	»	2	»	3	16	35	3.311	»	3	»	3	»	80	2	1.440
Cantal	34	»	30	4	»	6	28	8	81	541	32	2	»	1	12	23	»	2.278
Charente	3	»	»	»	3	3	»	15		1	3	»	»	»	1	»	»	
Charente-Inférieure	2	»	»	2	»	»	2	18		2	2	»	»	»	1	»	»	
Corse	15	10	»	5	»	5	10	10	58	453	5	7	3	10	4	122	43	3.970
Côte-d'Or	1	»	»	»	1	1	»	10,5		1	1	»	»	»	1	»	»	2.600
Côtes-du-Nord	1	»	»	»	1	1	»	13		»	1	»	»	»	1	»	»	
Creuse	18	»	»	»	18	»	12	37	57	133	1	1	16	1	»	34	3	548
Doubs	1	1	»	»	»	1	»	15		30	»	1	»	1	»	18	-	125
Drôme	9	2	»	»	7	8	1	10,5	16	470	3	6	»	5	3	108	»	1.687
Eure	1	»	1	»	»	1	»	10		»	1	»	»	»	1	»	»	
Finistère	1	»	»	»	1	1	»	12		6	1	»	»	»	1	»	»	
Gard	23	18	»	1	4	19	4	10	23	754	7	8	8	5	2	147	1	1.331
Garonne (Haute-)	31	18	»	4	9	3	28	13,5	71,5	392	8	11	12	9	4	229	5	14.236
Gers	23	15	»	2	6	»	23	15,5	35,3	516	2	10	11	7	»	99	11	2.736
Gironde	3	»	»	3	»	3	»	11	12	800	2	1	»	1	1	10	»	35
Hérault	21	»	12	5	4	4	17	15	48	1.103	11	8	2	6	4	60	28	7.210
Indre-et-Loire	1	»	»	1	»	1	»	12		»	1	»	»	»	1	»	»	
Isère	15	4	4	6	1	11	4	10	57	692	3	6	1	6	4	231	3	3.483
Jura	2	»	»	»	2	2	»	10,5	15	559	»	2	»	2	»	122	2	1.660
Landes	22	10	»	1	11	3	18	14,5	50,8	1.072	1	12	9	14	1	178	64	12.204
Loire	38	3	31	4	»	26	12	10,5	34	1.118	24	12	2	3	15	65	1	2.913
Loire (Haute-)	8	»	4	4	»	7	1	12	16	23	8	»	»	»	6	»	»	
Loire-Inférieure	1	»	»	1	»	1	»	15		5	1	»	»	»	1	»	»	
Lot	4	»	»	1	3	4	»	15		102	0	»	»	»	3	»	»	1.200
Lot-et-Garonne	2	»	2	»	»	2	»	14,5		56	»	2	»	1	»	11	»	33
Lozère	16	4	3	9	»	11	5	14	41	350	11	5	»	2	3	46	6	1.310
Maine-et-Loire	6	1	»	5	»	6	»	10	15	12	»	6	»	2	»	20	»	400
Marne	1	»	»	1	»	1	»	11		24	»	1	»	1	»	30	»	523
Marne (Haute-)	18	»	»	8	10	9	9	0,5	63,5	504	9	0	»	1	7	95	8	2.356
Mayenne	1	»	»	1	»	1	»	12		1	1	»	»	»	1	»	»	
Nièvre	7	2	»	»	5	5	2	11	29	80	4	3	»	2	1	55	»	2.007
Nord	5	4	»	»	1	»	5	23	24	399	1	»	4	1	»	81	»	120
Oise	4	1	»	3	»	4	»	9	19	300	3	1	»	1	1	24	»	350
Orne	2	1	»	1	»	1	1	13	25	270	1	1	»	1	»	38	»	900
Puy-de-Dôme	94	»	83	8	3	18	76	8	60	3.375	44	33	17	10	17	438	21	18.010
Pyrénées (Basses-)	31	25	»	2	4	14	17	8,5	36,2	1.587	6	16	9	8	1	150	2	7.814
Pyrénées (Hautes-)	64	31	»	0	24	13	51	8	52	4.833	8	40	16	23	4	422	10	44.476
Pyrénées-Orientales	69	66	3	»	»	»	69	16,5	78	3.403	25	25	19	12	1	303	7	7.073
Rhône	1	»	»	1	»	1	»	9,5		55	»	1	»	1	»	29	3	401
Saône (Haute-)	20	»	»	3	17	2	18	11	69	463	2	7	11	1	2	71	5	1.580
Saône-et-Loire	6	»	»	1	6	1	5	15	55,8	223	»	1	5	2	»	58	2	432
Savoie	13	6	2	1	4	6	7	11	47	5.801	2	4	7	8	2	124	13	6.368
Savoie (Haute-)	19	4	10	2	3	12	7	8	44	1.402	4	15	»	6	2	108	1	6.477
Seine	9	2	»	7	»	8	1	10	16	115	9	»	»	»	4	»	»	
Seine-Inférieure	4	»	»	4	»	4	»	8	12	53	1	3	»	1	1	6	»	220
Seine-et-Marne	1	»	»	1	»	1	»	12		»	1	»	»	»	»	»	»	
Seine-et-Oise	22	16	»	1	5	19	3	11	17	275	6	16	»	4	»	86	7	1.245
Sèvres (Deux-)	1	1	»	»	»	1	»	10		4	»	1	»	1	»	12	»	12
Somme	2	»	»	2	»	2	»	11		73	1	1	»	1	1	-	»	
Tarn	5	2	»	1	2	2	3	10	21,5	180	2	1	2	2	2	26	»	
Vaucluse	13	3	3	2	5	1	12	12	90	209	»	13	»	5	»	89	7	3.100
Vienne	3	3	»	»	»	2	1	11	15,5	40	»	3	»	1	»	20	»	150
Vosges	76	1	48	1	26	22	54	10	68	1.381	16	29	31	4	7	251	18	5.153
Totaux	1.027	310	354	135	219	386	641	0	81	40.412	388	396	243	220	105	5.346	328	220.917
ALGÉRIE.																		
Alger	21	4	1	»	16	»	21	16	70	1.550	3	»	18	5	2	4	10	2.050
Constantine	14	5	1	2	6	»	14	28	95	30.835	1	»	13	7	1	8	30	790
Oran	12	2	2	»	8	»	12	18,5	75	5.568	»	»	12	11	»	20	15	1.900
Totaux	47	11	4	2	30	»	47	16	95	37.962	4	»	43	23	3	32	55	5.040
Totaux généraux	1.074	330	358	137	249	386	688	»	»	84.374	392	396	280	240	108	5.378	383	226.557

Vu et présenté :
Le Conseiller d'État, Directeur des Routes, de la Navigation et des Mines,
E. LEBLANC.

Vu :
Paris, le 2 avril 1883.
Le Ministre des Travaux publics,
D. RAYNAL.